Dr. Oetker

KUCHEN backen

BACKEN MACHT FREUDE NR. 39

DIESES **BUCH** GEHÖRT:

Im Eigenverlag Dr. Oetker GmbH, 9500 Villach
Dr. Oetker Rezeptdienst: Konditormeister Erhard Klug-Hudritsch
Konzeption: Dr. Oetker GmbH, 9500 Villach
Gestaltung: scanlitho.teams, Eggeweg 26, 33617 Bielefeld
Fotos & Setstyling: Dieter Brasch, Wien (S. 17, 22, 25, 29, 30, 33, 34, 38, 41, 42, 46, 49, 50, 53, 60, 63, 67, 68, 76, 83, 88, 91, 92, 95, 96, 106, 119, 120, 123, 124, 127)
Foodstyling: Mag. Mariella Lahodny-Bothe, MSc, Wien
Charlotte Cerny, Wien
Weitere Fotos: Ulrike Holsten, Hamburg (S. 18, 21, 26, 37, 64, 71, 72, 75, 80, 84, 87, 101, 102, 105, 109, 110)
Norbert Toelle, Bielefeld (S. 116)
Florentina Klampfer, Velden (S. 57, 79)
Christian Male, Berlin (S. 45, 115)
Druck: Salzkammergut Druck Mittermüller, Gmunden
ISBN: 978-3-900332-77-8

Impressum:
Dr. Oetker GmbH, Postfach 19, 9500 Villach, Telefon 04242/55 4 54-0
E-Mail: service@oetker.at, Internet: www.oetker.at

VORWORT

Kuchenduft liegt in der Luft!

Für den Besuch am Wochenende, als Mitbringsel für Arbeitskollegen, zum Geburtstag oder einfach so zum Kaffee: Kuchen ist immer eine gute Idee!

Kuchen gelingen meist schnell und einfach, mit nur wenigen Zutaten, die auch gut erhältlich sind. Und doch können Kuchen so vielfältig und abwechslungsreich sein. In diesem Buch finden Sie zahlreiche der beliebtesten Kuchen-Klassiker: Apfelkuchen, Marmorkuchen, Donauwellen oder auch ein schneller Heidelbeerkuchen dürfen hier nicht fehlen. Wenn Sie Lust auf neue oder ausgefallenere Kuchenrezepte haben, werfen Sie einen Blick auf unseren Cheesecake, Schoko-Rote-Rüben-Kuchen oder veganen Karottenkuchen. Manches Mal ist ein ganzes Blech Kuchen aber doch zu viel, daher finden Sie bei vielen Rezepten auch Tipps zur Aufbewahrung bzw. zum Halbieren des Rezeptes. Auch kleinere Gebäcke wie Muffins, Scones oder Tassenkuchen bieten sich an, wenn es mal nicht so viel sein soll.

Mein Tipp: Lesen Sie das Rezept vor dem Zubereiten immer sorgfältig durch, damit es dann auch garantiert gelingt.

Viel Spaß beim Entdecken unserer 53 wunderbaren Kuchenrezepte. Bei Fragen und Anregungen zu unseren Rezepten steht Ihnen gerne die gebührenfreie Telefonnummer 00800 71 72 73 74 zur Verfügung.

Gutes Gelingen & viel Freude beim Backen!

Ihr Dr. Oetker Konditormeister
Erhard Klug-Hudritsch

E. Klug-Hudritsch

Dr. Oetker

Qualität ist das beste Rezept.

ABKÜRZUNGEN

KL	=	Kaffeelöffel
EL	=	Esslöffel
Ø	=	Durchmesser
g	=	Gramm
ml	=	Milliliter
l	=	Liter
Std.	=	Stunde(n)
Min.	=	Minuten
Stk.	=	Stück
Pck.	=	Päckchen
Pkg.	=	Packung
ca.	=	circa

DIE REZEPTE SIND WIE FOLGT GEKENNZEICHNET:

- Eiklarverwertung (E)
- Dotterverwertung (Do)
- glutenfrei (G)
- Vollkorn (V)
- vegetarisch
- vegan

- gelingt leicht
- etwas Übung erforderlich
- aufwändig

Die Zubereitungszeit beinhaltet nur die Zeit für die eigentliche Zubereitung, die Backzeiten sind gesondert ausgewiesen. Längere Wartezeiten wie z. B. Kühlzeiten sind ebenfalls nicht miteinbezogen.

INHALTSVERZEICHNIS

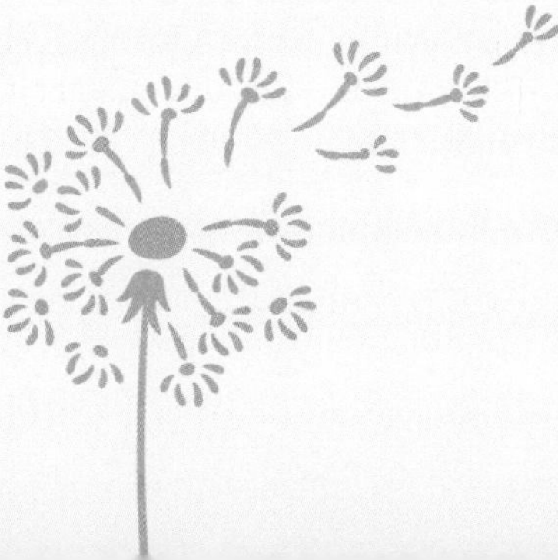

GUT ZU WISSEN

Backen macht glücklich, Kuchen noch mehr

Ob mit Schokolade, mit Obst oder einfach so – wir Österreicher lieben Kuchen! Wen wundert es also, dass allein hierzulande pro Jahr über 60 Millionen Kuchen gebacken und serviert werden. Ganz egal zu welchem Anlass, Herr und Frau Österreicher genießen ihr liebstes Gebäck sowohl zu den unterschiedlichsten Feiertagen als auch einfach so zum Kaffee oder am Wochenende. Kuchen geht einfach immer. Für uns ist das Grund genug, einmal einen genauen Blick hinter die Geschichte des Kuchens zu werfen. Oder wissen Sie vielleicht, seit wann Kuchen überhaupt gebacken wird? Und wird eigentlich auf allen Kontinenten Kuchen gegessen und gebacken?

AM ANFANG WAR DAS (FLADEN)BROT ...

Die Geschichte des Kuchens begann eigentlich mit Getreide, das zu Vorläufern von Brot verarbeitet wurde. Seit der Mensch vor rund 10.000 Jahren sesshaft geworden ist, wurde auch Getreide angebaut. Schnell fand man heraus, dass das wertvolle Getreide bekömmlicher ist, wenn es gemahlen und mit Wasser zu einem Brei vermischt wird. So wurde Getreide zu einem wichtigen Grundnahrungsmittel. Es wird vermutet, dass solch ein Getreide-Wasser-Brei vor etwa 6.000 Jahren zufällig auf einem durch die Sonne erhitzten Stein gebacken wurde: Dieses erste Fladenbrot war aber nur warm genießbar, dann wurde es steinhart und war nicht mehr essbar. Das Backen von Fladenbrot soll bei den Ägyptern und Griechen bereits vor rund 5.000 Jahren üblich geworden sein.

Ein weiterer Zufall verhalf dem Brot zu seinem Siegeszug: Denn ein vergessener Brei aus Wasser und Mehl begann zu gären, und so entstand ein Sauerteig. Durch diese zufällige Entdeckung wurde es möglich, dass der Teig aufging und zu einem lockeren Brot wurde. Der größte Vorteil daran: Dieses Brot konnte nun auch kalt gegessen werden.

DIE ERSTEN KUCHENREZEPTE ENTSTEHEN

Im zweiten Jahrhundert vor Christus beschrieb Cato im alten Rom bereits einen Kuchen, der dem heutigen Käsekuchen durchaus ähnlich ist. Doch es sollte noch viele Jahre dauern, bis Kuchen, wie wir ihn kennen, gebacken und gegessen wurde. Im Mittelalter aßen die Menschen vielfach bereits süße Brote oder Früchtebrote. Etwas süßeres Gebäck wurde vor allem zu kirchlichen Feiertagen zubereitet: Stollen, Lebkuchen und Spekulatius zählen zu den ältesten Rezepten. So ist beispielsweise der Dresdner Stollen eines der ältesten überlieferten Rezepte und wurde 1474 das erste Mal erwähnt. Als feiner Zucker im 16. Jahrhundert, gemeinsam mit Schokolade und Vanille, vermehrt Einzug in die Küchen fand, entwickelten sich allmählich feinere Gebäcke, die den heutigen Kuchen schon ähnlicher sind. So gibt es beispielsweise die Biskuitmasse schon seit dem 16. Jahrhundert. Spätestens im 17. Jahrhundert wurden auch schon erste Modelle der Springform zum Kuchenbacken verwendet.

WIE DER KUCHEN ZUM MASSENPHÄNOMEN WURDE

Die industrielle Revolution im späten 18. bis weit hinein ins 19. Jahrhundert hat das Backen in mehrfacher Hinsicht maßgeblich verändert: Zuckerrüben konnten von nun an in Fabriken zu vergleichsweise günstigem Zucker verarbeitet werden, und die Menschen waren in der Lage, das Mehl feiner zu mahlen. Viele Gewürze wie Vanille oder Zimt wurden leistbarer. In dieser Zeit fanden auch in den Küchen Backrohre Einzug, und bald darauf wurden auch praktische Helfer wie Handrührgeräte oder Mixer erfunden, mit denen der Teig besser aufgeschlagen werden konnte. Seither gibt es Kuchen, wie wir sie heute kennen. Die Erfindung des Backpulvers in der Mitte des 19. Jahrhunderts ermöglichte fortan auch höhere, luftige Kuchen. Wussten Sie, dass genau damals auch die Geschichte von Dr. Oetker begann? In der Hinterstube einer Bielefelder Apotheke hantierte der junge Apotheker Dr. August Oetker bis spät in der Nacht mit Apothekerwaage, Mörser und verschiedenen Pülverchen. Was er da in hartnäckiger Forscherarbeit entwickelte, sollte das Backen weiter revolutionieren: Das Dr. Oetker Backpulver! Denn das zuvor von Justus Liebig erfundene Backpulver war weder lagerfähig noch geschmacksneutral. Aufgrund des genauen Mischungsverhältnisses und der Qualität der eingesetzten Rohstoffe konnte Dr. Oetker bereits damals garantieren, dass ein Tütchen Backpulver genau für ein halbes Kilo Mehl reichte und damit jeder Kuchen gelang. Denn die Kuchenzutaten, vor allem Mehl, Zucker, Butter und Gewürze, waren sehr wertvoll. Nichts war ärgerlicher, als wenn ein Kuchen misslang. Das portionierte Backpulver von Dr. Oetker war eine sensationelle Neuerung, die rasch dazu beigetragen hat, dass in den heimischen Küchen häufiger gebacken wurde.

GUT ZU WISSEN

BACKEN RUND UM DIE WELT

Weltweit wurden und werden süße Gebäcke oder Desserts vor allem zu besonderen Anlässen serviert. Die Tradition des Kuchenbackens hat allerdings in Europa ihren Ursprung und ist auch in Nordamerika weit verbreitet. Auf den anderen Kontinenten spielen Kuchen nur eine untergeordnete Rolle. In Asien sind zwar vor allem Reiskuchen bekannt, aber sie sind mit einem Kuchen, wie wir ihn kennen, kaum vergleichbar. Besonders bei uns in Europa sind Kuchen und Torten nicht nur fester Bestandteil bei verschiedenen Feierlichkeiten und zahlreichen Anlässen, sondern auch wertvoller Bestandteil unserer Kultur. Denn was wäre Österreich wohl ohne Apfelstrudel, Sacher Torte oder Kardinalschnitte?

Kuchen aufbewahren

UNTERSCHIEDLICHE KUCHEN VERLANGEN UNTERSCHIEDLICHE LAGERUNGEN

Kuchen aus Sandmasse halten sich am besten unter einer Abdeckhaube. Einzelne Stücke am besten in Alufolie einwickeln.

Blätterteig- und Germteiggebäck kann am zweiten Tag noch einmal aufgebacken werden, sofern es nicht mit Glasur überzogen ist. Am besten schmeckt es jedoch frisch.

Kuchen mit Schlagobers, Creme oder Obst müssen im Kühlschrank gelagert werden und halten bis zu zwei Tage. Kuchen sind danach weiter genießbar, bekommen aber optische Qualitätseinbußen, z. B. beginnen sich Früchte zu verfärben, Gelees und Glasuren schwitzen.

Einfrieren ist bei den meisten Kuchen problemlos möglich. Einmal aufgetaut, sollten sie jedoch nicht erneut eingefroren werden. Kuchen am besten in kleinen Portionen einfrieren. Das verkürzt das spätere Auftauen. Im Schnitt hält sich ein eingefrorener Kuchen drei Monate.

Trockenes Kleingebäck wie Kekse hält sich am besten in einer luftdicht geschlossenen Blechdose bei kühler und trockener Lagerung. So halten sie problemlos mehrere Monate. Aber nicht jeder Keks eignet sich dafür. Die Lagerung muss auch regelmäßig kontrolliert werden.

GUT ZU WISSEN

Rund um die wichtigsten Zutaten

MEHL

Mehl ist zweifellos eine der wichtigsten Zutaten bei Kuchen. Meist wird dabei Weizenmehl verwendet. Abhängig vom Rezept kommen unterschiedliche Mehlsorten zum Einsatz, aber sie haben eines gemeinsam: Sie enthalten Gluten. Gluten sind Proteine (Gliadin und Glutenin, die zusammen den Kleber ergeben), die das Gebäck stabilisieren und die durch Zugabe von Flüssigkeit die richtige Bindung und Struktur der Masse oder des Teiges erst ermöglichen. Deutlich wird das zum Beispiel bei einer Biskuitmasse, die meist ohne Backpulver zubereitet wird: Durch das Aufschlagen wird die Masse luftig und locker. Gluten sorgen dafür, dass der Teig nach dem Backen nicht in sich zusammenfällt und seine Form behält. Lassen Sie daher Biskuitmassen erst auskühlen, bevor Sie sie aus der Form nehmen – ansonsten können sie leichter brechen. Gluten speichern außerdem auch das Zwei- bis Dreifache ihres Gewichts an Flüssigkeit und sorgen so auch dafür, dass der Kuchen saftig bleibt.

- **Warum soll das Mehl gesiebt werden?** Durch das Sieben verteilt sich das Mehl, und damit auch die Gluten, besser in Masse oder Teig. Die kleineren Poren sorgen so für einen noch feineren Kuchen.
- **Weizenmehl durch Dinkelmehl ersetzen:** Dinkelmehl ist Weizen sehr ähnlich und kann daher auch einfach 1:1 ausgetauscht werden. Gebäck mit Dinkelmehl wird etwas kompakter und der Geschmack etwas herzhafter.
- **Weizenmehl durch Vollkornmehl ersetzen:** Weizenmehl kann nicht 1:1 durch Vollkornmehl ersetzt werden, denn Vollkorn verhält sich beim Backen anders. Wir empfehlen daher, Rezepte zu verwenden, die eigens für Vollkornmehl entwickelt wurden.
- **Weizenmehl durch glutenfreies Mehl ersetzen:** Dies ist nicht 1:1 möglich, da eben glutenfreien Mehlarten das Klebereiweiß fehlt, das für die Stabilität und das Aufgehen der Masse notwendig ist. Will man glutenfrei backen, sollen spezielle glutenfreie Rezepte verwendet werden.

ZUCKER

Zucker, vor allem Kristallzucker, sorgt beim Backen nicht nur für die Süße, sondern auch für das Volumen des Gebäckes. Durch die Zuckerkristalle ist Zucker als Zutat außerdem, ähnlich wie Gluten und auch für die Stabilität wichtig. Bei Biskuitmassen soll Zucker daher immer wie im Rezept angegeben verwendet werden. Zucker kann also nur dann reduziert oder ersetzt werden, wenn er ausschließlich für das Süßen zum Einsatz kommt. Achten Sie auch darauf, dass Zucker bei Germteigen wichtig ist, weil er die Germ nährt. Mit zu wenig Zucker geht auch der Germteig weniger gut auf.

Staubzucker wird vorwiegend dann verwendet, wenn sich Kristallzucker nicht oder nur schwer auflösen kann. Löst sich Zucker nicht ganz auf, bildet er im Gebäck kleine weiße Flecken.

EIER

Eier sind wichtig als Bindemittel beim Backen, da sie durch das Erhitzen ihre Konsistenz von flüssig auf fest verändern. Außerdem helfen sie, die Masse locker und luftig zu machen, wenn sie vorab aufgeschlagen werden. Verwenden Sie zum cremigen Steifschlagen von Eiklar am besten Kristallzucker. Es gibt aber auch einige wenige Rezepte mit Staubzucker.

In unseren Rezepten beziehen sich alle Eier auf die Größe M, das entspricht ca. 50 g. Sollten Sie eine andere Ei-Größe verwenden, wiegen Sie die Eier idealerweise ab.

- **Eiklarverwertung:** Übrig gebliebenes Eiklar können Sie einfach einfrieren. Vergessen Sie nicht, die Anzahl der Eiklar auf dem Behälter zu vermerken. Nach dem Auftauen lässt es sich wie gewohnt verarbeiten. Eiweiß ist eingefroren ca. 8 Monate haltbar.
- **Dotterverwertung:** Bedecken Sie übrige Eidotter in einer Tasse mit Milch oder Wasser, so trocknen sie im Kühlschrank nicht aus und sind noch einige Tage haltbar. Auch das Einfrieren von Dottern ist möglich. Sie sind so ca. 8 Monate haltbar.

GUT ZU WISSEN

BACKTRIEBMITTEL: NATRON, BACKPULVER & GERM

Backtriebmittel lösen eine chemische Reaktion der Zutaten aus und sorgen so dafür, dass die Masse oder der Teig aufgehen, Volumen gewinnen und auch lockerer werden.

- **Natron** wird auch als Backnatron oder Speisesoda bezeichnet. Natron benötigt Säure, um als Backtriebmittel zu dienen. Daher muss dem Rezept beim Einsatz von Natron auch unbedingt noch eine säurehaltige Zutat, z. B. Zitrone oder Joghurt, zugegeben werden.
- **Backpulver** ist eine Mischung aus Natron und Salz einer Säure, oft auch mit Stärke vermischt. Damit ist Backpulver noch einfacher und gelingsicherer anzuwenden als Natron, und auch der Geschmack ist im Gebäck abgerundeter. Eine Masse mit Backpulver benötigt keine Ruhezeit, sie geht dann während des Backens auf.
- **Germ bzw. Backhefe** ist ein Hefepilz, der Wärme und Zeit braucht, damit der Teig gehen kann. Ideal ist dafür eine Temperatur von rund 30 Grad. Idealerweise haben alle Zutaten für einen Germteig Raumtemperatur, und die Milch sollte lauwarm (ca. 25 Grad) sein. Ist die Milch zu heiß, tötet sie den Hefepilz ab. Zucker ist der Nährstoff für den Hefepilz. Fehlt Zucker, wird der Gärprozess langsamer in Gang gesetzt. Trockengerm hat die gleiche Triebkraft wie frische Germ, ist einfach in der Anwendung und zeichnet sich durch hohe Lagertoleranz aus.

BUTTER ODER MARGARINE?

Fett in Form von Butter oder Margarine ist in vielen Rezepten nicht nur wichtig für den Geschmack des Gebäcks, sondern auch für dessen Konsistenz und Stabilität. Grundsätzlich kann Butter in den meisten Rezepten auch durch Margarine ausgetauscht werden. Jedoch spielt die Konsistenz des Fettes eine entscheidende Rolle: So gelingt ein Mürbteig nicht mit flüssiger Butter, und ein Germteig geht mit kalter Butter nicht oder deutlich schlechter auf als mit raumwarmer.

WAS HAT ES MIT DER PRISE SALZ AUF SICH?

Kann wirklich eine Prise Salz so wichtig für den Geschmack sein? Kann man die nicht einfach weglassen? Nein! Denn Salz rundet nicht nur den Geschmack ab, sondern unterstützt die Gluten im Mehl dabei, sich zu stabilisieren.

BACKZEITEN

Die von uns angegebenen Backzeiten können je nach Backrohr variieren. Kontrollieren Sie daher das Gebäck in den letzten Minuten regelmäßig. Wenn Sie mit Heißluft backen, reduzieren Sie die im Rezept angegebene Backtemperatur von Ober-/Unterhitze um 20 Grad.

ZU GUTER LETZT ...

Lesen Sie das Rezept vor dem Zubereiten in Ruhe durch und folgen Sie den einzelnen Schritten. Denn die Reihenfolge, in der die Zutaten zum Einsatz kommen, ist wichtig für das Backergebnis.

Die beliebtesten KUCHEN-KLASSIKER

Marmorkuchen

ca. 20 Min.

Zutaten für ca. 10 Portionen

Sandmasse

200 g weiche Butter
100 g gesiebter Staubzucker
1 Pck. Dr. Oetker Vanillin Zucker
1/2 Pck. Dr. Oetker Original Pudding Vanille-Geschmack
5 Tropfen Dr. Oetker Aroma Rum
4 Dotter (Größe M)
250 g glattes Mehl
1/8 l Milch
4 Eiklar (Größe M)
100 g Zucker
10 g gesiebter Backkakao
2 EL Speiseöl

Zubereitung

Für die Masse Butter mit Staubzucker, Vanillin Zucker, Puddingpulver und Aroma mit dem Handmixer (Rührstäbe) cremig aufschlagen. Die Dotter einzeln einrühren. Das Mehl darübersieben und mit der Milch abwechselnd unterrühren. Eiklar mit Zucker cremig steif schlagen und mit dem Kochlöffel unterheben. 2/3 der Masse in eine befettete, bemehlte Kastenform (10 x 30 cm) füllen.

Kakao mit Öl verrühren und unter die übrige Masse rühren. Die dunkle Masse auf der hellen Masse verteilen. Mithilfe einer Gabel eine Spirale durch die Massen ziehen, damit das Marmormuster entsteht.

Die Form auf dem Rost in die untere Hälfte des vorgeheizten Rohres schieben.

Nach ca. 15 Min. Backzeit mit einem befetteten Messer ca. 2 cm tief einschneiden.

Ober-/Unterhitze: 180 Grad
Backzeit: ca. 55 Min.

Lagerung: Der Kuchen ist mit Frischhaltefolie abgedeckt ca. 3 – 4 Tage haltbar.

1/2 Zu viel? Rezept halbieren
Für eine kleine Kuchenform (11 x 25 cm) die Zutaten halbieren und bei gleicher Herdeinstellung ca. 45 Min. backen.

SCHON GEWUSST?

Der Marmorkuchen verdankt seinen Namen der Marmorierung durch den hellen und dunklen Teig. Für viele Kinder ist es der liebste Kuchen – und sie machen einfach einen „Mama-Kuchen“ draus.

Klassischer Gugelhupf

ca. 20 Min.

Zutaten für ca. 12 Portionen

Sandmasse

150 g weiche Butter
50 g gesiebter Staubzucker
1 Pck. Dr. Oetker Vanillin Zucker
1 Pck. Dr. Oetker Finesse Geriebene Zitronenschale
1 Prise Salz
3 Dotter (Größe M)
3 Eiklar (Größe M)
100 g Zucker
300 g glattes Mehl
1 Pck. Dr. Oetker Backpulver
1/8 l Milch

Zum Bestreuen

etwas Staubzucker

Zubereitung

1. Für die Masse Butter mit Staubzucker, Vanillin Zucker, Zitronenschale und Salz mit dem Handmixer (Rührstäbe) cremig rühren. Die Dotter einzeln einrühren. Eiklar aufschlagen, den Zucker nach und nach dazugeben und cremig steif schlagen. Den Eischnee zur Buttermasse geben. Mehl mit Backpulver vermischen, darübersieben und mit Milch mit dem Kochlöffel unterheben.

   Die Masse in eine befettete, bemehlte Gugelhupfform (22 cm Ø) füllen und glatt streichen.

   Die Form auf dem Rost in die untere Hälfte des vorgeheizten Rohres schieben.

   Ober-/Unterhitze: 180 Grad
   Backzeit: ca. 45 Min.

2. Den erkalteten Gugelhupf mit Staubzucker leicht bestreuen.

Lagerung: Der Kuchen ist mit Frischhaltefolie abgedeckt ca. 3 – 4 Tage haltbar.

Zu viel? Einfach einfrieren

SCHON GEWUSST?

Die Bezeichnung „Gugelhupf“ kommt vermutlich vom Lupfen des Gugels, also dem Hochheben der rundlichen Kuchenform (Kugel, Kogel) nach dem Backen.

Käsekuchen

ca. 40 Min

Zutaten für ca. 12 Portionen

Mürbteig

150 g glattes Mehl

1/2 gestrichener KL Dr. Oetker Backpulver

70 g Zucker

1 Pck. Dr. Oetker Vanillin Zucker

1 Prise Salz

1 Ei (Größe M)

70 g weiche Butter

Topfenmasse

500 g Magertopfen (1 %)

100 g Zucker

2 EL Zitronensaft

35 g Speisestärke

2 Dotter (Größe M)

2 Eiklar (Größe M)

200 ml geschlagenes Schlagobers

Zubereitung

1. Für den Teig Mehl mit Backpulver vermischen und in eine Rührschüssel sieben. Die übrigen Zutaten der Reihe nach dazugeben und mit dem Handmixer (Knethaken) zu einem Teig verkneten.

   Ca. 2/3 des Teiges auf einer leicht bemehlten Arbeitsfläche rund (26 cm Ø) ausrollen und in eine leicht befettete Springform (26 cm Ø) geben.

   Die Form auf dem Rost in die Mitte des vorgeheizten Rohres schieben und den Mürbteigboden vorbacken.

   Ober-/Unterhitze: 200 Grad
   Backzeit: ca. 10 Min.

   Den übrigen Teig zu einer Rolle formen, auf den erkalteten Mürbteig geben und am Formrand ca. 4 cm hochdrücken.

2. Für die Topfenmasse Topfen mit Zucker, Zitronensaft, Stärke und Dotter mit dem Schneebesen glatt rühren. Eiklar steif schlagen und mit Schlagobers mit dem Kochlöffel unter die Masse heben. Die Masse auf den Mürbteigboden geben und glatt streichen.

   Die Form auf dem Rost in die untere Hälfte des vorgeheizten Rohres schieben und bei reduzierter Temperatur fertig backen.

   Ober-/Unterhitze: 160 Grad
   Backzeit: ca. 75 Min.

   Den Kuchen nach Ende der Backzeit für ca. 15 Min. bei etwas geöffneter Backrohrtür im ausgeschalteten Backrohr lassen.
   Den Kuchen anschließend auf einem Kuchenrost erkalten lassen.

Tipp: Käsekuchen schmeckt am besten frisch. Er kann auch ohne Mürbteigboden zubereitet und in einer befetteten, mit Zucker ausgestreuten Auflaufform (20 x 28 cm) bei gleicher Herdeinstellung ca. 45 Min. gebacken werden.

SCHON GEWUSST?

Bereits im zweiten Jahrhundert vor Christus wurde im antiken Rom bereits ein Kuchen beschrieben, der dem heute bekannten Käsekuchen sehr ähnlich ist.

Joghurt-Mohn-Becherkuchen

ca. 20 Min.

Zutaten für ca. 42 Portionen

Joghurt-Mohn-Sandmasse

4 Eier (Größe M)
2 Becher Zucker (400 g)
1 Pck. Dr. Oetker Vanillin Zucker
2 Becher Joghurt (500 g)
2 Becher glattes Mehl (300 g)
1 Pck. Dr. Oetker Backpulver
2 Becher geriebener Mohn (320 g)
1 Becher Speiseöl (1/4 l)

Zum Bestreuen

etwas Staubzucker

Zubereitung

1. Für die Masse Eier mit Zucker und Vanillin Zucker mit dem Handmixer (Rührstäbe) schaumig rühren. Das Joghurt nach und nach einrühren. Mehl mit Backpulver vermischen, darübersieben und mit Mohn mit dem Kochlöffel unterheben. Das Öl kurz einrühren.

   Die Masse auf ein befettetes, bemehltes Backblech (30 × 35 cm) streichen.

   Das Blech in die Mitte des vorgeheizten Rohres schieben.

   Ober-/Unterhitze: 180 Grad
   Backzeit: ca. 40 Min.

2. Den erkalteten Kuchen mit Staubzucker bestreuen.

Zu viel? Einfach einfrieren
Den Kuchen stückweise auf Vorrat einfrieren. Zum Einfrieren den Kuchen nicht mit Staubzucker bestreuen.

Schoko-Blechkuchen

ca. 20 Min.

Zutaten für ca. 30 Portionen

Schoko-Nuss-Sandmasse

100 g weiche Butter
60 g flüssige Zartbitterkuvertüre
60 g gesiebter Staubzucker
1 Pck. Dr. Oetker Vanillin Zucker
1 Prise Salz
6 Dotter (Größe M)
6 Eiklar (Größe M)
140 g Zucker
110 g glattes Mehl
1 gestrichener KL Dr. Oetker Backpulver
20 g Backkakao
100 g geriebene Walnüsse

Weiche Schokoglasur

2 Stk. Dr. Oetker Blatt Gelatine
150 g Dr. Oetker Schoko Tröpfchen (2 Pck.)
30 g gesiebter Backkakao
60 g Zucker
1/8 l Wasser

Zubereitung

1. Für die Masse Butter mit Kuvertüre, Staubzucker, Vanillin Zucker und Salz mit dem Handmixer (Rührstäbe) cremig rühren. Die Dotter einzeln einrühren. Eiklar mit Zucker cremig steif aufschlagen und mit dem Kochlöffel unter die Buttermasse heben. Mehl mit Backpulver vermischen, mit Kakao darübersieben und mit Walnüssen einrühren.

   Die Masse auf ein befettetes, bemehltes Backblech (30 x 35 cm) streichen.

   Das Blech in die Mitte des vorgeheizten Rohres schieben.

   Ober-/Unterhitze: 180 Grad
   Backzeit: ca. 30 Min.

2. Für die Glasur die Gelatine nach Packungsanleitung vorbereiten. Schoko Tröpfchen mit Kakao, Zucker und Wasser verrühren und unter Rühren erhitzen. Vom Herd nehmen und die Gelatine einrühren. Kurz vor dem Gelieren der Glasur den erkalteten Kuchen damit glasieren.

Tipp: Durch die Gelatine bleibt die Glasur länger weich und behält den Glanz.

1/2 Zu viel? Rezept halbieren
Die Zutaten halbieren und bei gleicher Herdeinstellung und gleicher Backzeit in einem Backrahmen (18 x 30 cm) backen. Oder in einer Kastenform (10 x 25 cm) ca. 35 Min. oder in einer befetteten, bemehlten Gugelhupfform (22 cm Ø) ca. 40 Min. backen.

Bienenstich

ca. 50 Min.

Zutaten für ca. 16 Portionen

Germteig

500 g glattes Mehl
1 Pck. Dr. Oetker Germ
50 g Zucker
1 Pck. Dr. Oetker Vanillin Zucker
1 Ei (Größe M)
1/4 l lauwarme Milch
1/2 gestrichener KL Salz
80 g weiche Butter

Belag

100 g Butter
75 g Zucker
1 Pck. Dr. Oetker Vanillin Zucker
100 ml flüssiges Schlagobers
200 g Mandelblättchen

Füllung

2 Pck. Dr. Oetker Original Pudding Vanille-Geschmack
100 g Zucker
3/4 l Milch
100 g Butter

Zubereitung

1. Für den Teig das Mehl in eine Rührschüssel sieben und mit der Germ gut vermischen. Die übrigen Zutaten der Reihe nach dazugeben und mit dem Handmixer (Knethaken) zu einem Teig verkneten. Zugedeckt an einem warmen Ort so lange gehen lassen, bis der Teig doppelt so hoch ist.
2. Für den Belag Butter mit Zucker, Vanillin Zucker und Schlagobers unter Rühren zum Kochen bringen und ca. 1 Min. kochen. Vom Herd nehmen und die Mandeln unterrühren. Die Masse unter mehrmaligem Umrühren überkühlen lassen.

   Den Teig auf einer leicht bemehlten Arbeitsfläche zusammenstoßen (flach drücken und von links und rechts zur Mitte hin einschlagen), rechteckig ausrollen und auf ein befettetes, bemehltes Backblech geben. Den Teig mit einer Gabel gut stupfen. Den lauwarmen Belag gleichmäßig auf dem Teig verteilen und ca. 30 Min. gehen lassen.

   Das Blech in die Mitte des vorgeheizten Rohres schieben.

   Ober-/Unterhitze: 200 Grad
   Backzeit: ca. 18 Min.

   Die erkaltete Gebäckplatte vierteln und jedes Viertel einmal waagerecht durchschneiden. Die 4 Unterteile auf ein Backblech geben.
3. Für die Füllung Puddingpulver mit Zucker, aber nur mit 3/4 l Milch, unter Rühren zu einem Pudding kochen. Die Butter in den heißen Pudding einrühren und erkalten lassen. Die Creme mit dem Handmixer (Rührstäbe) glatt rühren, auf die Gebäckunterteile aufteilen und glatt streichen. Die Oberteile daraufgeben und leicht andrücken.

Tipp: Es ist einfacher, das Unterteil in 4 Teile zu schneiden, um diese dann waagerecht durchzuschneiden.

Zu viel? Einfach einfrieren
In der Zubereitungsanleitung werden die Gebäckplatten geviertelt und auf Backblechgröße zusammengesetzt. Die so entstandenen gefüllten Viertel kann man gut auf Vorrat einzeln einfrieren.

Seemannskuchen

ca. 40 Min.

Zutaten für ca. 30 Portionen

Spezial-Sandmasse

5 Dotter (Größe M)
250 g Zucker
1 Pck. Dr. Oetker Vanillin Zucker
1/8 l Wasser
1/8 l Speiseöl
250 g glattes Mehl
1 Pck. Dr. Oetker Backpulver
2 gestrichene KL Backkakao
5 Eiklar (Größe M)

Grieß-Kokos-Belag

1/2 l Milch
6 EL Grieß
200 g Butter
1 Prise Salz
200 g Zucker
200 g Kokosette

Schokoglasur

200 ml flüssiges Schlagobers
200 g klein geschnittene Kochschokolade
2 EL Rum
1/2 Röhrchen Dr. Oetker Aroma Rum

Zum Bestreuen

30 g Kokosette

Zubereitung

1. Für die Masse Dotter mit Zucker, Vanillin Zucker, Wasser und Öl mit dem Handmixer (Rührstäbe) schaumig aufschlagen. Mehl mit Backpulver vermischen, mit Kakao darübersieben und mit dem Kochlöffel unterrühren. Eiklar cremig steif schlagen und unterheben. Die Masse auf ein befettetes, bemehltes Backblech (30 x 35 cm) streichen.

   Das Blech in die Mitte des vorgeheizten Rohres schieben.

   Ober-/Unterhitze: 180 Grad
   Backzeit: ca. 25 Min.

2. Für den Belag aus Milch, Grieß, Butter und Salz einen Grießbrei kochen. Zucker und Kokosette unterrühren. Den noch warmen Belag auf den Kuchen streichen. Den Kuchen ca. 1/2 Std. kalt stellen.
3. Für die Glasur Schlagobers mit Schokolade, Rum und Aroma unter Rühren erwärmen, bis die Schokolade geschmolzen ist. Die Glasur etwas abkühlen lassen und den Kuchen damit bestreichen.
4. Den Kuchen mit Kokosette bestreuen.

Eierlikörkuchen

ca. 20 Min.

Zutaten für ca. 12 Portionen

Sandmasse

5 Eier (Größe M)
250 g gesiebter Staubzucker
2 Pck. Dr. Oetker Vanillin Zucker
ca. 6 EL Speiseöl
1/4 l Eierlikör
250 g glattes Mehl
1 Pck. Dr. Oetker Backpulver

Eierlikörglasur

100 ml Eierlikör
180 g Puderzucker

Zubereitung

1. Für die Masse Eier mit Staubzucker und Vanillin Zucker mit dem Handmixer (Rührstäbe) schaumig aufschlagen. Speiseöl mit Eierlikör verrühren und mit dem Kochlöffel einrühren. Mehl mit Backpulver vermischen, darübersieben und unterheben.

   Die Masse in eine befettete, bemehlte Gugelhupfform (22 cm Ø) füllen und glatt streichen.

   Die Form auf dem Rost in die untere Hälfte des vorgeheizten Rohres schieben.

   Ober-/Unterhitze: 180 Grad
   Backzeit: ca. 50 Min.

   Den Kuchen ca. 5 Min. in der Form überkühlen lassen und auf ein Kuchengitter stürzen.

2. Für die Glasur Eierlikör mit Puderzucker glatt rühren. Die Glasur beliebig auf dem erkalteten Kuchen verteilen.

Zu viel? Einfach einfrieren
Den Eierlikörkuchen kann man ohne Glasur gut auf Vorrat einfrieren. Die Glasur ist gut teilbar zur späteren Verwendung.

Buttermilchkuchen mit Mandelblättchen

ca. 20 Min.

Zutaten für ca. 42 Portionen

All-in-Sandmasse

3 Eier (Größe M)
500 g Zucker
1 Pck. Dr. Oetker Vanillin Zucker
1 Pck. Dr. Oetker Finesse Geriebene Zitronenschale
1 Prise Salz
550 g glattes Mehl
1 1/2 Pck. Dr. Oetker Backpulver
1/2 l Buttermilch

Zum Bestreuen

150 g Zucker
100 g Mandelblättchen

Obers-Guss und zum Servieren

1/4 l flüssiges Schlagobers
1/4 l geschlagenes Schlagobers

Zubereitung

1. Für die Masse Eier mit Zucker, Vanillin Zucker, Zitronenschale und Salz in eine Rührschüssel geben. Mehl mit Backpulver vermischen und darübersieben. Die Buttermilch dazugeben und mit dem Handmixer (Rührstäbe) glatt rühren.

   Die Masse auf ein befettetes, bemehltes Backblech (30 x 35 cm) streichen.

2. Zucker und Mandelblättchen auf die Masse streuen.

   Das Blech in die Mitte des vorgeheizten Rohres schieben.

   Ober-/Unterhitze: 180 Grad
   Backzeit: ca. 25 Min.

3. Den noch heißen Kuchen mit Schlagobers langsam übergießen.

   Den erkalteten Kuchen mit Schlagobers servieren.

Linzerschnitten vom Blech

ca. 30 Min.

Zutaten für ca. 16 Portionen

Teig

250 g raumwarme Butter

180 g gesiebter Staubzucker

1 Pck. Dr. Oetker Bourbon Vanille Zucker

1 Ei (Größe M)

1 Dotter (Größe M)

1 Prise Salz

1 KL Zimt

1 KL Nelkenpulver

1 Pck. Dr. Oetker Finesse Geriebene Zitronenschale

300 g glattes Mehl

200 g geriebene Mandeln

Füllung

500 g passierte Ribiselmarmelade

Zum Bestreichen

1 Ei

3 EL Milch

Zubereitung

1. Für den Teig die Zutaten der Reihe nach in eine Rührschüssel geben und mit dem Handmixer (Knethaken) zu einem Teig verkneten. In Frischhaltefolie gewickelt ca. 40 Min. kalt stellen.

   3/4 des Teiges auf einer bemehlten Arbeitsfläche rechteckig (30 x 35 cm) ausrollen, auf einem Rollstab aufrollen und auf einem befetteten, bemehlten Backblech abrollen.
2. Die Marmelade gleichmäßig daraufstreichen. Den übrigen Teig ausrollen, in Streifen schneiden und als Gitter auflegen.
3. Ei mit Milch versprudeln und das Gitter damit bestreichen.

   Das Blech in die Mitte des vorgeheizten Rohres schieben.

Ober-/Unterhitze: 180 Grad
Backzeit: ca. 35 Min.

Tipp: Die Linzerschnitten kann man vor dem Backen noch mit Mandelblättchen bestreuen.

1/2 Zu viel? Rezept halbieren
Die Zutaten halbieren und im Backrahmen (18 x 30 cm) oder in einer kleinen Tortenform (20 cm Ø) bei gleicher Herdeinstellung und -zeit backen.

Zu viel? Einfach einfrieren
Der Kuchen kann auch stückweise eingefroren werden. Bei Raumtemperatur ca. 1 Std. auftauen lassen.

SCHON GEWUSST?

Die historische Namensgebung von Speisen erfolgte ursprünglich nach geografischen Gesichtspunkten. Die Linzer Torte ist demnach das älteste Gebäck, das seinen Namen von einem Ort erhalten hat. Das älteste überlieferte Rezept stammt aus dem 17. Jahrhundert und ist damit das älteste bekannte Tortenrezept der Welt. Die Linzerschnitten sind eine Variante der ursprünglichen Linzer Torte für das Blech.

Klassischer Nusskuchen

ca. 40 Min.

Zutaten für ca. 15 Portionen

Sandmasse

200 g weiche Butter
130 g Zucker
1 Pck. Dr. Oetker Vanillin Zucker
1 Prise Salz
1/2 Röhrchen Dr. Oetker Aroma Rum
3 Eier (Größe M)
150 g glattes Mehl
2 gestrichene KL Dr. Oetker Backpulver
100 g geröstete, geriebene Haselnüsse
100 g geröstete, gehackte Haselnüsse
100 g gehackte Zartbitterkuvertüre

Guss

150 g gehackte Zartbitterkuvertüre
1 EL Speiseöl

Zum Bestreuen

2 – 3 EL geröstete, gehackte Haselnüsse

Zubereitung

1. Für die Masse Butter mit Zucker, Vanillin Zucker, Salz und Aroma mit dem Handmixer (Rührstäbe) cremig rühren. Die Eier einzeln einrühren. Mehl mit Backpulver vermischen, darübersieben und mit Haselnüssen und Schokolade mit dem Kochlöffel unterrühren.

   Die Masse in eine befettete, bemehlte Kastenform (11 x 25 cm) geben und glatt streichen.

   Die Form auf dem Rost in die untere Hälfte des vorgeheizten Rohres schieben.

   Ober-/Unterhitze: 180 Grad
   Backzeit: ca. 60 Min.

   Den Kuchen ca. 10 Min. in der Form überkühlen lassen und auf ein Kuchengitter stürzen.
2. Für den Guss Kuvertüre mit Öl über Dampf (Wasserbad) unter Rühren schmelzen (34 Grad). Vom Herd nehmen und auf dem erkalteten Kuchen verteilen.
3. Vor dem Anziehen der Glasur mit Haselnüssen bestreuen.

Tipps: Die Masse ist auch für einen Gugelhupf (22 cm Ø) ausreichend.

Wenn den Kuchen auch Kinder essen, das Rum-Aroma weglassen.

Zu viel? Einfach einfrieren

Die Hälfte des Nusskuchens ohne Glasur auf Vorrat einfrieren. Die Glasur ist gut teilbar zur späteren Verwendung.

Einfacher Marillenkuchen

ca. 40 Min.

Zutaten für ca. 24 Portionen

Spezial-Sandmasse

6 Eier (Größe M)
250 g Zucker
1 Pck. Dr. Oetker Vanillin Zucker
1 Prise Salz
1 Pck. Dr. Oetker Finesse Geriebene Zitronenschale
250 g weiche Butter
150 g glattes Mehl
150 g Speisestärke

Zum Belegen

600 g Marillenhälften

Zum Gelieren

1 Pck. Dr. Oetker Tortengelee klar
1/4 l Marillensaft oder -nektar

Zum Bestreuen

etwas Staubzucker

Zubereitung

1. Für die Masse Eier mit Zucker, Vanillin Zucker, Salz und Zitronenschale über Dampf (Wasserbad) mit dem Schneebesen warm aufschlagen. Vom Wasserbad nehmen und mit dem Handmixer (Rührstäbe) kalt rühren. Die Butter cremig rühren und mit dem Kochlöffel unter die Eiermasse rühren. Mehl mit Stärke vermischen, darübersieben und unterheben.
2. Die Masse auf ein befettetes, bemehltes Backblech (30 x 35 cm) streichen.

   Die Marillenhälften, mit der Schnittfläche nach oben, gleichmäßig auf der Masse verteilen.

   Das Blech in die Mitte des vorgeheizten Rohres schieben.

   Ober-/Unterhitze: 170 Grad
   Backzeit: ca. 35 Min.

3. Tortengeleepulver mit Marillensaft verrühren, aufkochen und die Marillen auf dem Kuchen damit gelieren.
4. Den Kuchen vor dem Servieren mit Staubzucker bestreuen.

Tipps: Große Marillen vor dem Auflegen vierteln, da sie sonst bis auf den Boden absinken.

Statt frischer Marillen kann man auch Dosenmarillen verwenden.

1/2 Zu viel? Rezept halbieren
Die Zutaten halbieren und im Backrahmen (18 x 30 cm) bei gleicher Herdeinstellung und -zeit backen.

Heidelbeerkuchen

(Titelrezept)

ca. 20 Min.

Zutaten für ca. 42 Portionen

Spezial-Sandmasse

1/4 l geschlagenes Schlagobers
250 g gesiebter Staubzucker
1 Pck. Dr. Oetker Vanillin Zucker
4 Eier (Größe M)
300 g glattes Mehl
1 gestrichener KL Dr. Oetker Backpulver

Beerenbelag

600 g Heidelbeeren

Zum Bestreuen

etwas Staubzucker

Zubereitung

1. Für die Masse Schlagobers mit Staubzucker und Vanillin Zucker verrühren. Die Eier einzeln einrühren. Mehl mit Backpulver vermischen, darübersieben und mit dem Kochlöffel unterheben.

   Die Masse auf ein befettetes, bemehltes Backblech (30 × 35 cm) streichen.

2. Die Heidelbeeren darauf verteilen.

   Das Blech in die Mitte des vorgeheizten Rohres schieben.

   Ober-/Unterhitze: 180 Grad
   Backzeit: ca. 25 Min.

3. Den erkalteten Kuchen mit Staubzucker leicht bestreuen.

Tipp: Als Obstbelag eignen sich auch Kirschen oder Äpfel.

1/2 Zu viel? Rezept halbieren

Die Zutaten halbieren und im Backrahmen (20 x 30 cm) oder in einer Auflaufform (20 x 30 cm) bei gleicher Herdeinstellung ca. 30 Min. backen.

Kirschenkuchen

ca. 20 Min.

Zutaten für ca. 25 Portionen

Sandmasse

200 g weiche Butter
1 Pck. Dr. Oetker Vanillin Zucker
3 Tropfen Dr. Oetker Aroma Zitrone
5 Dotter (Größe M)
5 Eiklar (Größe M)
200 g Zucker
200 g glattes Mehl
1 gestrichener KL Dr. Oetker Backpulver

Zum Belegen

1 1/2 kg entsteinte Kirschen

Zubereitung

1. Für die Masse Butter mit Vanillin Zucker und Aroma mit dem Handmixer (Rührstäbe) cremig aufschlagen. Die Dotter einzeln einrühren. Eiklar mit Zucker cremig steif schlagen und zur Buttermasse geben. Mehl mit Backpulver vermischen, darübersieben und mit dem Kochlöffel unterheben.
2. Die Masse auf ein befettetes, bemehltes Backblech (30 x 35 cm) streichen und mit Kirschen gleichmäßig belegen.

   Das Blech in die Mitte des vorgeheizten Rohres schieben.

Ober-/Unterhitze: 180 Grad
Backzeit: ca. 25 Min.

Tipp: Um das Einsinken der Kirschen zu verhindern, zuerst nur 2/3 der Masse auf das Backblech streichen und mit Backoblaten belegen. Die übrige Masse auf die Oblaten streichen und die Kirschen darauf verteilen.

Zu viel? Einfach einfrieren
Portionsweise einfrieren. Der Kuchen schmeckt dann aufgetaut wie frisch.

Donauwellen

ca. 40 Min

Zutaten für ca. 20 Portionen

Sandmasse

250 g weiche Butter

250 g Zucker

1 Pck. Dr. Oetker Bourbon Vanille Zucker

6 Eier (Größe M)

350 g glattes Mehl

1 Pck. Dr. Oetker Backpulver

2 EL Backkakao

Zum Belegen

720 g abgetropfte Kompottsauerkirschen

Buttercreme

1 Pck. Dr. Oetker Original Pudding Vanille-Geschmack

1/2 l Milch

100 g Zucker

250 g weiche Butter

abgeriebene Schale von 1/2 Zitrone

Saft von 1 Zitrone

Glasur

50 g Kokosfett

100 g Bitterschokolade (70 % Kakaoanteil)

100 g Vollmilchschokolade

Zubereitung

1. Für die Masse Butter mit Zucker und Vanille Zucker mit dem Handmixer (Rührstäbe) cremig aufschlagen. Die Eier einzeln einrühren. Mehl mit Backpulver vermischen, darübersieben und mit dem Kochlöffel unterrühren. Die Hälfte der Masse mit Kakao verrühren.
2. Die helle Masse auf ein befettetes, bemehltes Backblech (30 x 35 cm) streichen, die dunkle Masse darauf verteilen und glatt streichen. Mit Kirschen gleichmäßig belegen.

   Das Blech in die Mitte des vorgeheizten Rohres schieben.

   Ober-/Unterhitze: 180 Grad
   Backzeit: ca. 30 Min.

3. Für die Creme Puddingpulver mit Milch und Zucker unter Rühren zu einem Pudding kochen. Den Pudding auf Raumtemperatur abkühlen lassen. Die Butter mit dem Handmixer (Rührstäbe) cremig rühren und Zitronenschale und -saft einrühren. Den Pudding löffelweise unterrühren. Die Creme auf dem Kuchen verteilen und glatt streichen. Den Kuchen kalt stellen.
4. Für die Glasur Kokosfett mit Schokoladen über Dampf (Wasserbad) erwärmen (32 Grad), glatt rühren und auf den Kuchen streichen. Vor dem Erstarren der Glasur mit einer Speisegabel ein Muster ziehen.

1/2 Zu viel? Rezept halbieren

Die Zutaten halbieren und im Backrahmen (18 x 30 cm) bei gleicher Herdeinstellung und -zeit backen.

SCHON GEWUSST?

Um den Namen und die Herkunft der Donauwellen ranken sich einige Geschichten. Eine Erklärung besagt, dass die helle und dunkle Masse den Wellengang der Donau andeuten. Andere gehen davon aus, dass der Kuchen tatsächlich in einer Stadt mit Anbindung an die Donau entstand.

Bananenschnitten

ca. 50 Min.

Zutaten für ca. 12 Portionen

Biskuitmasse

5 Dotter (Größe M)
50 g Zucker
1 Pck. Dr. Oetker Bourbon Vanille Zucker
5 Eiklar (Größe M)
80 g Zucker
110 g glattes Mehl
1 Pck. Dr. Oetker Original Pudding Vanille-Geschmack

Vanillecreme

3 Dotter (Größe M)
40 g glattes Mehl
40 g Speisestärke
80 g Zucker
1 Pck. Dr. Oetker Bourbon Vanille Zucker
600 ml Milch
150 g weiche Butter
100 g gesiebter Staubzucker

Zum Bestreichen und Belegen

100 g Marillenmarmelade
6 Bananen

Zum Glasieren

2 Stk. Dr. Oetker Blatt Gelatine
60 ml Wasser
50 ml flüssiges Schlagobers
60 g Zucker
110 g gehackte Zartbitterkuvertüre
25 g Backkakao
10 g Kokosfett

Zubereitung

1. Für die Masse Dotter mit Zucker und Vanille Zucker mit dem Handmixer (Rührstäbe) schaumig aufschlagen. Eiklar mit Zucker cremig aufschlagen und zur Dottermasse geben. Mehl mit Puddingpulver vermischen, darübersieben und mit dem Kochlöffel unterheben.

   Einen Backrahmen (20 x 25 cm) auf ein mit Backpapier ausgelegtes Backblech stellen. Die Masse einfüllen und glatt streichen.

   Das Blech in die Mitte des vorgeheizten Rohres schieben.

   Ober-/Unterhitze: 180 Grad
   Backzeit: ca. 20 Min.

2. Für die Creme Dotter mit Mehl, Stärke, Zucker und Vanille Zucker und 5 EL von der Milch glatt rühren. Die übrige Milch zum Kochen bringen, vom Herd nehmen und in die Dottermasse einrühren. Zurück auf den Herd stellen und unter Rühren zu einem Pudding kochen. Den Pudding in eine Rührschüssel geben, mit Frischhaltefolie abdecken und unter mehrmaligem Umrühren erkalten lassen. Butter mit Staubzucker mit dem Handmixer (Rührstäbe) schaumig aufschlagen und den erkalteten Pudding löffelweise unterrühren.
3. Das erkaltete Biskuit stürzen und das Backpapier abziehen. Das Biskuit mit Marmelade bestreichen, mit dem Backrahmen umstellen und mit halbierten Bananen belegen. Die Creme daraufgeben und glatt streichen. Die Bananenschnitten ca. 2 Std. kalt stellen.
4. Zum Glasieren die Gelatine nach Packungsanleitung vorbereiten. Wasser mit Schlagobers und Zucker unter Rühren zum Kochen bringen. Vom Herd nehmen und Kuvertüre, Kakao und Kokosfett einrühren, bis sich die Kuvertüre gelöst hat. Die Gelatine einrühren. Die Bananenschnitten mit Glasur bestreichen und bis zum Servieren kalt stellen.

Lagerung: Gut durchgekühlt und mit einer Kuchenhaube abgedeckt sind die Bananenschnitten bis zu 3 Tage im Kühlschrank haltbar. **Achtung:** Bananen werden braun.

Klassische Erdbeerschnitten

ca. 40 Min.

Zutaten für ca. 24 Portionen

Biskuitmasse

6 Eier (Größe M)
240 g Zucker
1 Prise Salz
1 Pck. Dr. Oetker Vanillin Zucker
150 g glattes Mehl
2 Pck. Dr. Oetker Original Pudding Vanille-Geschmack
1/2 gestrichener KL Dr. Oetker Backpulver

Vanille-Obers-Füllung

4 Stk. Dr. Oetker Blatt Gelatine
1 Pck. Dr. Oetker Original Pudding Vanille-Geschmack
60 g Zucker
1/2 l Milch
1/4 l geschlagenes Schlagobers

Zum Bestreichen und Belegen

80 g passierte Marillenmarmelade
800 g Erdbeeren

Gelee

1/4 l Wasser
1/4 l Erdbeer-Fruchtsaft
40 g Zucker
2 Pck. Dr. Oetker Tortengelee rot

Zum Dekorieren

etwas Dr. Oetker Streudekor

Zubereitung

1. Für die Masse Eier mit Zucker, Salz und Vanillin Zucker mit dem Schneebesen über Dampf (Wasserbad) warm schlagen. Vom Wasserbad nehmen und mit dem Handmixer (Rührstäbe) schaumig aufschlagen. Mehl mit Puddingpulver und Backpulver vermischen, darübersieben und mit dem Kochlöffel unterheben.

   Einen Backrahmen (30 x 35 cm) auf ein mit Backpapier ausgelegtes Backblech stellen. Die Masse einfüllen und glatt streichen.

   Das Blech in die Mitte des vorgeheizten Rohres schieben.

   Ober-/Unterhitze: 190 Grad
   Backzeit: ca. 22 Min.

   Das erkaltete Biskuit mithilfe eines Messers aus dem Backrahmen lösen und 1-mal durchschneiden. Den Biskuitboden auf einem Kuchenblech mit dem Backrahmen umstellen.

2. Für die Füllung die Gelatine nach Packungsanleitung vorbereiten. Puddingpulver mit Zucker und Milch verrühren und unter Rühren zu einem Pudding kochen. Die Gelatine in den heißen Pudding einrühren. Unter mehrmaligem Umrühren abkühlen lassen.
   Bei beginnender Gelierung das Schlagobers unterheben. Die Füllung auf dem Biskuitboden glatt streichen. Das Biskuitoberteil daraufgeben und leicht andrücken.

3. Das Biskuit mit Marmelade bestreichen und mit Erdbeeren belegen.

4. Für das Gelee Wasser mit Erdbeer-Fruchtsaft, Zucker und Tortengeleepulver vermischen und unter mehrmaligem Umrühren aufkochen. Das Gelee kurz überkühlen lassen und gleichmäßig über die Erdbeeren geben.

5. Die Erdbeerschnitten kalt stellen. Vor dem Servieren mit Streudekor bestreuen.

1/2 Zu viel? Rezept halbieren
Die Zutaten halbieren und im Backrahmen (18 x 35 cm) bei gleicher Herdeinstellung und -zeit backen.

Obst-Pudding-Schnitten

ca. 40 Min.

Zutaten für ca. 25 Portionen

Sandmasse

6 Eier (Größe M)
150 g Zucker
1 Pck. Dr. Oetker Vanillin Zucker
180 g Universalmehl
50 g zerlassene Butter

Pudding-Obers-Creme

1/2 l Milch
50 g Zucker
1 Pck. Dr. Oetker Original Pudding Vanille-Geschmack
5 Stk. Dr. Oetker Blatt Gelatine
1/4 l geschlagenes Schlagobers

Obstbelag

1 kg gemischtes Obst nach Wahl

Guss

1/2 l Apfelsaft
2 Pck. Dr. Oetker Tortengelee klar

Zubereitung

1. Für die Masse Eier mit Zucker und Vanillin Zucker mit dem Handmixer (Rührstäbe) schaumig aufschlagen. Das Mehl darübersieben und mit der Butter mit dem Kochlöffel unterheben.

   Die Masse gleichmäßig auf ein befettetes Backblech (30 x 35 cm) streichen.

   Das Blech in die Mitte des vorgeheizten Rohres schieben.

   Ober-/Unterhitze: 200 Grad
   Backzeit: ca. 15 Min.

2. Für die Creme Milch mit Zucker und Puddingpulver unter Rühren zu einem Pudding kochen. Die Gelatine nach Packungsanleitung vorbereiten und unter den noch heißen Pudding rühren. Unter mehrmaligem Umrühren bis zur beginnenden Gelierung abkühlen lassen. Das Schlagobers unterheben. Die Creme gleichmäßig auf den erkalteten Kuchen streichen. Den Kuchen ca. 1 Std. kalt stellen.
3. Das Obst wenn nötig schneiden und auf der Creme beliebig verteilen.
4. Apfelsaft mit Tortengeleepulver nach Packungsanleitung zubereiten. Mit einem Pinsel auf dem Obst verteilen und den übrigen Guss darübergießen.

1/2 Zu viel? Rezept halbieren
Die Zutaten halbieren und im Backrahmen (18 x 35 cm) bei gleicher Herdeinstellung und -zeit backen.

Ribisel-Schaumschnitten

ca. 30 Min

Zutaten für ca. 20 Portionen

Mürbteig

300 g gesiebtes glattes Mehl
190 g weiche Butter
110 g gesiebter Staubzucker
1 Ei (Größe M)
1 Pck. Dr. Oetker Vanillin Zucker
1/2 Pck. Dr. Oetker Finesse Geriebene Zitronenschale

Biskuitmasse

5 Eier (Größe M)
2 Dotter (Größe M)
120 g Zucker
1 Pck. Dr. Oetker Vanillin Zucker
1 Pck. Dr. Oetker Finesse Geriebene Zitronenschale
1 Prise Salz
150 g glattes Mehl
50 g Speisestärke

Zum Bestreichen

180 g passierte Ribiselmarmelade

Vanillepudding

1 Pck. Dr. Oetker Original Pudding Vanille-Geschmack
1/2 l Milch
4 EL Zucker

Zum Belegen

750 g rote Ribiseln

Schaummasse

8 Eiklar (Größe M)
350 g Zucker
Saft von 1/2 Zitrone

Zum Bestreuen

etwas Staubzucker

Zubereitung

1. Für den Teig die Zutaten der Reihe nach in eine Rührschüssel geben und mit dem Handmixer (Knethaken) verkneten. In Frischhaltefolie gewickelt ca. 40 Min. kalt stellen.

   Den Teig auf einer bemehlten Arbeitsfläche rechteckig (30 x 35 cm) ausrollen. Auf einem Rollstab aufrollen und auf einem befetteten, bemehlten Backblech abrollen.

   Das Blech in die untere Hälfte des vorgeheizten Rohres schieben.

   Ober-/Unterhitze: 190 Grad
   Backzeit: ca. 9 Min.

2. Für die Masse Eier mit Dottern, Zucker, Vanillin Zucker, Zitronenschale und Salz mit dem Schneebesen über Dampf (Wasserbad) aufschlagen. Vom Herd nehmen und mit dem Handmixer (Rührstäbe) kalt schlagen. Mehl mit Stärke vermischen, darübersieben und mit dem Kochlöffel unterheben.

   Einen Backrahmen (30 x 35 cm) auf ein mit Backpapier ausgelegtes Backblech stellen. Die Masse einfüllen und glatt streichen.

   Das Blech in die untere Hälfte des Rohres schieben.

   Ober-/Unterhitze: 180 Grad
   Backzeit: ca. 30 Min.

3. Den erkalteten Mürbteig mit Marmelade bestreichen und das erkaltete Biskuit daraufgeben.
4. Puddingpulver mit Milch und Zucker unter Rühren zu einem Pudding kochen. Vom Herd nehmen und auf das Biskuit streichen. Den Kuchen ca. 1/2 Std. kalt stellen.
5. Die Ribiseln gleichmäßig auf dem Pudding verteilen.
6. Für die Schaummasse Eiklar mit Zucker und Zitronensaft mit dem Schneebesen über Dampf (Wasserbad) aufschlagen. Vom Herd nehmen und mit dem Handmixer (Rührstäbe) kalt rühren. Die Hälfte der Schaummasse auf die Ribiseln streichen. Die zweite Hälfte in einen Spritzbeutel mit beliebiger Tülle geben und dekorativ aufspritzen. Mit Staubzucker bestreuen.

   Das Blech in die Mitte des Rohres schieben und so lange **auf Sicht backen**, bis die Oberfläche goldgelb ist.

   Ober-/Unterhitze: 220 Grad
   Backzeit: ca. 8 Min.

GRUNDREZEPT Hermann-Teig

DER HERMANN-KUCHEN IST ZURÜCK!

Den legendären Kult-Weizensauerteig Hermann gibt es schon seit den 70ern. Wir erklären, wie Sie den Hermann-Teig starten, pflegen und zum Weiterschenken teilen.

Gebäcke mit Hermann-Teig sind aufgrund der langen Teigführung sehr aromatisch. Probieren Sie es aus und begeistern Sie sich und Ihre Freunde!

Zutaten Teigansatz
100 g glattes Mehl
1 EL Zucker
1/2 Pck. Dr. Oetker Germ
200 ml lauwarmes Wasser

Für den Teigansatz das Mehl in eine verschließbare Kunststoffschüssel sieben und mit Zucker und Germ vermischen. Wasser dazugeben und mit einem Kochlöffel aus Holz oder Kunststoff glatt rühren. Die Schüssel mit dem Deckel verschließen.

Den Teig zwei Tage an einem warmen Ort stehen lassen; dabei ab und zu umrühren. Ab dem dritten Tag in den Kühlschrank stellen. **Achtung:** Der Teig ist sehr flüssig.

Den Teig während der 10-tägigen Zubereitung in einem gut schließenden Gefäß im Kühlschrank aufbewahren. Steht der Hermann-Teig zu warm, schlägt die Milchsäuregärung in Essigsäuregärung um und er wird ungenießbar.

Jetzt so weitermachen, als hätten Sie den Hermann-Teig geschenkt bekommen.

Verarbeitung eines geschenkten Hermann-Teiges:
1. Tag: Ruhen
2. Tag: Umrühren
3. Tag: Umrühren
4. Tag: Umrühren
5. Tag: Den Teig in ein größeres Gefäß umfüllen und füttern:
100 g glattes Mehl
150 g Zucker
200 ml Milch dazugeben und verrühren
6. Tag: Umrühren
7. Tag: Umrühren
8. Tag: Umrühren
9. Tag: Umrühren
10. Tag: Füttern und Backtag
100 g glattes Mehl
150 g Zucker
200 ml Milch dazugeben und verrühren

Den fertigen Hermann-Teig in vier gleiche Teile teilen zu je ca. 200 g. Zwei Teile geben Sie weiter mit der Anleitung und einen Teil frieren Sie ein auf Vorrat. Den vierten Hermann-Teig für den eigenen Kuchen weiterverarbeiten.

Hermann-Kuchen

Zutaten Teig:
200 g glattes Mehl
1 Pck. Dr. Oetker Backpulver
150 g Zucker
1 Prise Salz
3 Eier (Größe M)
100 ml Speiseöl
200 ml Milch
200 g Hermann-Teig (1 Portion)

Mehl mit Backpulver vermischen und in eine Rührschüssel sieben. Die übrigen Zutaten der Reihe nach dazugeben und mit dem Kochlöffel zu einem glatten Teig verrühren.

Den Teig in eine beliebige befettete und bemehlte Form (Gugelhupfform oder Backblech) geben.

Die Form auf dem Rost in die Mitte des vorgeheizten Rohres schieben.

Ober-/Unterhitze: 180 Grad
Backzeit: 45 – 60 Min. (je nach Backform)

Tipps: Sie können geriebene Haselnüsse, geschälte, geriebene oder gehackte Mandeln, Rosinen, Zimt, Apfelstücke, Schokostreusel, Kirschen usw. unter den Teig rühren. Oder den Teig mit Apfelstücken füllen und in einer Gugelhupfform backen. Auch Streuselkuchen sind damit möglich. Der Fantasie sind hier keine Grenzen gesetzt. Ein Rezept zum Ausprobieren für einen Streuselkuchen mit Hermann-Teig finden Sie auf der nächsten Seite.

VIER FEHLER,
DIE DER HERMANN-TEIG NICHT VERZEIHT:

1. **Metall:** Verwenden Sie Schüsseln und Löffeln aus Kunststoff oder Holz.
2. **Frischluft:** Verschließen Sie die Teigschüssel immer mit einem Deckel.
3. **Wärme:** Bewahren Sie den Hermann-Teig immer im Kühlschrank auf.
4. **Pflegen:** Vergessen Sie nicht, Hermann zu füttern bzw. zu rühren.

DIESEN KUCHEN MUSST DU FÜTTERN!

Hermann-Teig ist ein Sauerteigansatz auf Weizenmehlbasis, der für Kuchen verwendet wird. Im deutschsprachigen Raum ist er seit den 1970er-Jahren bekannt und wird von Freunden mit einer Anleitung zum Füttern und Backen als Kettenbrief weitergegeben.

Streuselkuchen mit Hermann-Teig

ca. 20 Min.

Zutaten für ca. 20 Portionen

Hermann-Germteig

270 g glattes Mehl
1 Pck. Dr. Oetker Germ
50 g Zucker
1 Pck. Dr. Oetker Bourbon Vanille Zucker
1 Prise Salz
1 Ei (Größe M)
50 ml Milch
50 g weiche Butter
200 g Hermann-Teig

Streusel

200 g glattes Mehl
1/2 gestrichener KL Dr. Oetker Backpulver
100 g kalte Butter
100 g Zucker
1 Pck. Dr. Oetker Bourbon Vanille Zucker
1/2 KL Zimt

Belag

70 g Zucker
1 Pck. Dr. Oetker Bourbon Vanille Zucker

Zubereitung

1. Für den Teig das Mehl in eine Rührschüssel sieben und mit der Germ gut vermischen. Die übrigen Zutaten der Reihe nach dazugeben, mit dem Handmixer (Knethaken) zu einem glatten Teig verkneten. Zugedeckt ca. 5 Min. rasten lassen.

   Den Teig auf einer bemehlten Arbeitsfläche rechteckig (30 x 35 cm) ausrollen, auf einem Rollstab aufrollen und auf einem befetteten Backblech abrollen.

2. Zucker mit Vanille Zucker vermischen und darüberstreuen. Den Kuchen ca. 25 Min. rasten lassen.

3. Für die Streusel die Zutaten auf eine Arbeitsfläche geben, mit den Händen verreiben und auf dem Teig verteilen.

   Das Blech in die Mitte des vorgeheizten Rohres schieben.

Ober-/Unterhitze: 200 Grad
Backzeit: ca. 20 Min.

Tipp: Das Grundrezept für den Hermann-Teig als Zutat im Germteig finden Sie auf der vorherigen Doppelseite.

1/2 Zu viel? Rezept halbieren
Die Zutaten halbieren und im Backrahmen (18 x 30 cm) bei gleicher Herdeinstellung und -zeit backen.

Neue KUCHEN-IDEEN

Wolkenschnitten

ca. 30 Min.

Zutaten für ca. 42 Portionen

Biskuitmasse

5 Eier (Größe M)

120 g Zucker

2 Pck. Dr. Oetker Vanillin Zucker

2 EL lauwarmes Wasser

120 g glattes Mehl

2 Messerspitzen Dr. Oetker Backpulver

Vanille-Mandarinen-Belag

2 Pkg. QimiQ® Vanille

530 g abgetropfte Kompottmandarinen

Obershaube

1/2 l flüssiges Schlagobers

2 Pck. Dr. Oetker Vanillin Zucker

2 Pck. Dr. Oetker Sahnesteif

Mandelhaube

6 Eiklar (Größe M)

280 g Zucker

1 EL Speisestärke

etwas Staubzucker

100 g Mandelblättchen

Zubereitung

1. Für die Masse Eier mit Zucker, Vanillin Zucker und Wasser mit dem Handmixer (Rührstäbe) schaumig aufschlagen. Mehl mit Backpulver vermischen, darübersieben und mit dem Kochlöffel unterheben.

   Die Masse auf ein mit Backpapier ausgelegtes Backblech (30 x 35 cm) streichen.

   Das Blech in die Mitte des vorgeheizten Rohres schieben.

   Ober-/Unterhitze: 190 Grad
   Backzeit: ca. 12 Min.

   Das erkaltete Biskuit stürzen und das Backpapier abziehen. Das Biskuit mit einem Backrahmen umstellen.

2. Für den Belag QimiQ® glatt rühren. Die Mandarinen klein schneiden und einrühren. Den Belag auf das Biskuit streichen. Den Kuchen ca. 1 Std. kalt stellen.

3. Für die Obershaube Schlagobers mit Vanillin Zucker und Sahnesteif aufschlagen und auf den Belag streichen. Den Kuchen ca. 1 Std. kalt stellen.

4. Für die Mandelhaube Eiklar aufschlagen, Zucker mit Stärke nach und nach dazugeben und cremig steif schlagen. Die Schneemasse auf ein mit Backpapier ausgelegtes und mit Staubzucker bestreutes Backblech (30 x 35 cm) streichen. Mit einem Löffel ein wellenförmiges Muster in die Schneemasse ziehen. Die Mandelblättchen aufstreuen.

   Das Blech in die Mitte des Rohres schieben.

   Ober-/Unterhitze: 150 Grad
   Backzeit: ca. 25 Min.

   Die erkaltete Mandelhaube mithilfe eines Backbleches stürzen und das Backpapier abziehen. Die Mandelhaube auf die Obershaube geben. Den Kuchen ca. 1 Std. kalt stellen.

1/2 Zu viel? Rezept halbieren

Die Zutaten halbieren und als Torte (26 cm Ø) zubereiten. Für das Biskuit 3 Eier verwenden und bei gleicher Herdeinstellung ca. 8 Min. backen. Die Mandelhaube ca. 20 Min. backen.

New York Cheesecake

ca. 40 Min.

Zutaten für ca. 16 Portionen

Tortenboden

130 g Butterkekse

80 g zerlassene Butter

Frischkäse-Füllung

800 g Doppelrahm-Frischkäse (z. B. Philadelphia®)

150 g Zucker

1 Pck. Dr. Oetker Finesse Geriebene Zitronenschale

4 Eier (Größe M)

180 ml flüssiges Schlagobers

2 EL Dr. Oetker Original Pudding Vanille-Geschmack

Guss

250 g Sauerrahm

30 g gesiebter Staubzucker

Zubereitung

1. Für den Tortenboden die Butterkekse in einen Gefrierbeutel geben, fest verschließen und mit einem Teigroller fein zerbröseln. Die Keksbrösel in eine Rührschüssel geben, die Butter dazugeben und mit dem Kochlöffel gut verrühren. Die Masse in eine auf dem Rand befettete Springform (24 cm Ø) füllen. Die Masse mit der Rückseite eines Esslöffels 1 – 2 cm am Springformrand hochdrücken und den Boden fest andrücken. Ca. 10 Min. kalt stellen.
2. Für die Füllung Frischkäse mit Zucker und Zitronenschale glatt rühren. Die Eier einzeln kurz einrühren. Schlagobers mit Puddingpulver steif schlagen und mit dem Schneebesen unter die Frischkäse-Füllung heben. Die Füllung in der Form verteilen und glatt streichen.

   Die Form auf dem Rost in die untere Hälfte des vorgeheizten Rohres schieben. (**Achtung:** Sobald der Cheesecake beim Backen Farbe bekommt, die Form aus dem Backrohr nehmen und bei Raumtemperatur ca. 10 Min. abkühlen lassen. Dann die Form wieder in das Backrohr schieben und fertig backen.)

   Ober-/Unterhitze: 180 Grad
   Backzeit: ca. 45 Min.

   Den Cheesecake auf einen Kuchenrost stellen und ca. 10 Min. abkühlen lassen.
3. Für den Guss Sauerrahm mit Staubzucker glatt rühren und mit einem Esslöffel vorsichtig auf dem warmen Cheesecake verstreichen. Die Form auf dem Rost wieder in das Backrohr schieben und **bei gleicher Herdeinstellung ca. 10 Min. fertig backen**.

   Die Form auf den Kuchenrost stellen und den Cheesecake vollständig erkalten lassen. Den Cheesecake aus der Form lösen und mind. 4 Std. kalt stellen.

1/2 Zu viel? Rezept halbieren

Die Zutaten halbieren für eine Torte (20 cm Ø), eine kleine Auflaufform (14 x 20 cm) oder hitzebeständige Dessertschalen. Backzeit ca. 30 Min.

Einfacher Brownie

ca. 30 Min.

Zutaten für ca. 42 Portionen

Sandmasse

200 g weiche Butter
120 g Zucker
1 Pck. Dr. Oetker Bourbon Vanille Zucker
1 Prise Salz
3 Eier (Größe M)
80 g glattes Mehl
1 gestrichener KL Dr. Oetker Backpulver
50 g Backkakao
250 g flüssige Zartbitterkuvertüre

Zubereitung

Für die Masse Butter mit Zucker, Vanille Zucker und Salz mit dem Handmixer (Rührstäbe) cremig rühren. Die Eier einzeln einrühren. Mehl mit Backpulver und Kakao vermischen, darübersieben und mit dem Kochlöffel unterrühren. Die Kuvertüre kurz einrühren.

Die Masse in eine mit Backpapier ausgelegte Auflaufform (20 x 25 cm) geben und glatt streichen.

Die Form auf dem Rost in die Mitte des vorgeheizten Rohres schieben.

Ober-/Unterhitze: 180 Grad
Backzeit: ca. 30 Min.

Den Brownie in der Form auf einem Kuchenrost erkalten lassen.

Erdbeerblech

ca. 40 Min

Zutaten für ca. 42 Portionen

Biskuitmasse

6 Eier (Größe M)
160 g Zucker
1 Pck. Dr. Oetker Vanillin Zucker
1 Prise Salz
1 Pck. Dr. Oetker Finesse Geriebene Zitronenschale
160 g Universalmehl

Erdbeercreme

8 Stk. Dr. Oetker Blatt Gelatine
250 g passierte Erdbeeren
200 g gesiebter Staubzucker
1 Pck. Dr. Oetker Vanillin Zucker
250 g Speisetopfen (10 %)
250 g Joghurt
Saft von 1/2 Zitrone
1/2 l geschlagenes Schlagobers

Erdbeerspiegel

250 g passierte Erdbeeren
100 g gesiebter Staubzucker
6 Stk. Dr. Oetker Blatt Gelatine
Saft von 1/2 Zitrone

Zum Dekorieren

einige halbierte Erdbeeren
etwas Dr. Oetker Streudekor nach Wahl

Zubereitung

1. Für die Masse Eier mit Zucker, Vanillin Zucker, Salz und Zitronenschale mit dem Handmixer (Rührstäbe) schaumig aufschlagen. Das Mehl darübersieben und mit dem Kochlöffel unterheben.

   Die Masse auf ein befettetes, bemehltes Backblech (30 x 35 cm) geben und glatt streichen.

   Das Blech in die Mitte des vorgeheizten Rohres schieben.

   Ober-/Unterhitze: 190 Grad
   Backzeit: ca. 15 Min.

   Das erkaltete Biskuit mit einem Backrahmen umstellen.

2. Für die Creme die Gelatine nach Packungsanleitung vorbereiten. Erdbeermark mit Staubzucker, Vanillin Zucker, Topfen und Joghurt glatt rühren. Die Gelatine mit Zitronensaft erwärmen und unterrühren. Bei beginnender Gelierung das Schlagobers unterheben. Die Creme auf dem Biskuit verteilen und ca. 2 Std. kalt stellen.
3. Für den Erdbeerspiegel Erdbeermark mit Staubzucker verrühren. Die Gelatine nach Packungsanleitung zubereiten, mit Zitronensaft erwärmen und unterrühren. Den Erdbeerspiegel auf der Erdbeercreme glatt streichen. Den Kuchen ca. 1 Std. kalt stellen.
4. Den Kuchen mit Erdbeerhälften und Streudekor beliebig dekorieren.

Schneewittchenschnitten

ca. 40 Min.

Zutaten für ca. 30 Portionen

Sandmasse

5 Dotter (Größe M)
125 g Zucker
1 Pck. Dr. Oetker Vanillin Zucker
1 Prise Salz
1 Pck. Dr. Oetker Finesse Geriebene Orangenschale
1/4 l Eierlikör
1/4 l Speiseöl
250 g glattes Mehl
1 Pck. Dr. Oetker Backpulver
5 Eiklar (Größe M)
125 g Zucker

Himbeer-Belag

2 Stk. Dr. Oetker Blatt Gelatine
220 ml Himbeersirup
380 ml Wasser
2 Pck. Dr. Oetker Original Pudding Vanille-Geschmack
1 EL Zucker
600 g Himbeeren

Zum Bestreichen und Belegen

1/2 l geschlagenes Schlagobers
200 g Butterkekse

Zubereitung

1. Für die Masse Dotter mit Zucker, Vanillin Zucker, Salz und Orangenschale mit dem Handmixer (Rührstäbe) schaumig aufschlagen. Eierlikör und Öl einrühren. Mehl mit Backpulver vermischen, darübersieben und unterrühren. Eiklar mit Zucker cremig aufschlagen und mit dem Kochlöffel unterheben.

   Einen Backrahmen (30 x 35 cm) auf ein mit Backpapier ausgelegtes Backblech stellen und die Masse darin verteilen.

   Das Blech in die Mitte des vorgeheizten Rohres schieben.

   Ober-/Unterhitze: 180 Grad
   Backzeit: ca. 40 Min.

2. Für den Belag die Gelatine nach Packungsanleitung vorbereiten. Himbeersirup mit Wasser, Puddingpulver und Zucker zu einem Pudding kochen. Die Gelatine unter den noch heißen Pudding rühren. Die Himbeeren kurz einrühren. Den Himbeerbelag gleichmäßig auf den ausgekühlten Kuchen geben und glatt streichen. Den Kuchen ca. 1 Std. kalt stellen.
3. Das Schlagobers auf dem Himbeerbelag verteilen, glatt streichen und mit Keksen belegen. Den Kuchen ca. 3 Std. kalt stellen, bis die Butterkekse weich sind.

Zu viel? Einfach einfrieren

Die Schnitten können inkl. Himbeerbelag fertig gemacht werden. Dann halbieren und eine Hälfte einfrieren.

Zum Bestreichen und Belegen jeweils die Hälfte der Zutaten verwenden. Die eingefrorenen Schnitten ca. 4 Std. bei Raumtemperatur auftauen lassen und nach Rezept fertig machen. Entstehendes Kondenswasser auf dem Himbeerbelag mit Küchenkrepp abtupfen.

SCHON GEWUSST?

Im Märchen Schneewittchen heißt es: Weiß wie Schnee, Rot wie Blut und Schwarz wie Ebenholz. Schneewittchenkuchen kommt ursprünglich aus der DDR und ähnelt einer klassischen Donauwelle. Beide werden im Original mit heller und dunkler Masse, Kirschen und Buttercreme gemacht und obendrauf noch mit Schokolade glasiert.

Zwetschken-Streuselkuchen

ca. 40 Min

Zutaten für ca. 12 Portionen

All-in-Sandmasse

120 g glattes Mehl

1 gestrichener KL Dr. Oetker Backpulver

120 g Zucker

1 Pck. Dr. Oetker Vanillin Zucker

1 Pck. Dr. Oetker Finesse Geriebene Zitronenschale

125 g weiche Butter

2 Eier (Größe M)

Zum Belegen

600 g entsteinte, geviertelte Zwetschken

Streusel

80 g glattes Mehl

50 g Zucker

1 Messerspitze Zimt

60 g kalte Butter

Zubereitung

1. Für die Masse Mehl mit Backpulver vermischen und in eine Rührschüssel sieben. Die übrigen Zutaten der Reihe nach dazugeben und mit dem Handmixer (Rührstäbe) glatt rühren.

   Die Masse in eine am Boden mit Backpapier ausgelegte Springform (26 cm Ø) geben und glatt streichen.
2. Die Zwetschkenspalten mit der Innenseite nach oben fächerförmig auf der Masse verteilen.
3. Für die Streusel das Mehl auf eine Arbeitsfläche sieben. Die übrigen Zutaten dazugeben und mit den Händen zu Streuseln verreiben. Die Streusel auf den Zwetschken verteilen.

   Die Form auf dem Rost in die Mitte des vorgeheizten Rohres schieben.

Ober-/Unterhitze: 180 Grad
Backzeit: ca. 50 Min.

Zu viel? Einfach einfrieren

Apfelkuchen

ca. 40 Min.

Zutaten für ca. 12 Portionen

Zum Vorbereiten

750 g geschälte, halbierte, entkernte Äpfel

Sandmasse

125 g weiche Butter

100 g Zucker

1 Pck. Dr. Oetker Vanillin Zucker

1 Prise Salz

1/2 Röhrchen Dr. Oetker Aroma Zitrone

3 Eier (Größe M)

200 g glattes Mehl

2 gestrichene KL Dr. Oetker Backpulver

2 EL Milch

Zum Aprikotieren

2 EL Marillenmarmelade

1 EL Wasser

Zubereitung

1. Die Apfelhälften der Länge nach mehrmals ca. 5 mm tief einschneiden.
2. Für die Masse Butter mit Zucker, Vanillin Zucker, Salz und Aroma mit dem Handmixer (Rührstäbe) cremig aufschlagen. Die Eier einzeln einrühren. Mehl mit Backpulver vermischen, darübersieben und mit dem Kochlöffel unterheben. Die Milch kurz einrühren.

   Die Masse in eine am Boden mit Backpapier ausgelegte Springform (26 cm Ø) geben und glatt streichen.

   Die Apfelhälften kranzförmig auf die Masse legen.

   Die Form auf dem Rost in die untere Hälfte des vorgeheizten Rohres schieben.

   Ober-/Unterhitze: 180 Grad
   Backzeit: ca. 45 Min.

3. Marmelade mit Wasser erhitzen und den Apfelkuchen nach dem Backen damit bestreichen.

   Den Springformrand lösen und den Kuchen auf einem Kuchenrost erkalten lassen.

Tipps: Die Äpfel vor dem Backen mit Rosinen bestreuen

Den Kuchen mit Staubzucker bestreuen statt aprikotieren.

Zu viel? Einfach einfrieren

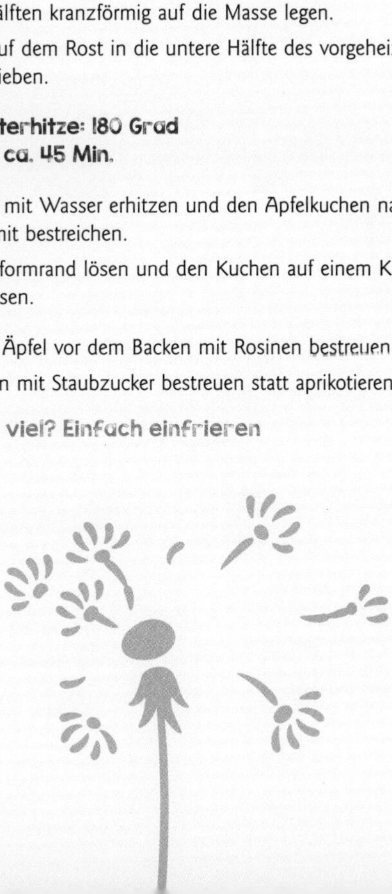

Apfel-Streuselkuchen mit Zimt

ca. 40 Min.

Zutaten für ca. 24 Portionen

Streusel

300 g gesiebtes glattes Mehl
150 g Zucker
1 Pck. Dr. Oetker Bourbon Vanille Zucker
200 g weiche Butter
100 g geröstete, gehackte Haselnüsse

Belag

1 1/2 kg geschälte Äpfel
2 EL Zitronensaft

Sandmasse

300 g weiche Butter
200 g Zucker
1 Pck. Dr. Oetker Bourbon Vanille Zucker
1 Prise Salz
5 Eier (Größe M)
400 g glattes Mehl
2 1/2 KL Dr. Oetker Backpulver
1 Pck. Dr. Oetker Original Pudding Vanille-Geschmack
4 EL Milch

Zum Bestreuen

2 EL Zucker
1 KL Zimt

Zubereitung

1. Für die Streusel die Zutaten der Reihe nach auf eine Arbeitsfläche geben und mit den Händen zu Streuseln verreiben.
2. Für den Belag die Äpfel vierteln, 1 cm breite Spalten schneiden und mit Zitronensaft beträufeln.
3. Für die Masse Butter mit Zucker, Vanille Zucker und Salz mit dem Handmixer (Rührstäbe) cremig rühren. Die Eier einzeln einrühren. Mehl mit Backpulver und Puddingpulver vermischen, darübersieben und mit Milch unterrühren.

   Die Masse auf einem befetteten Backblech (30 x 35 cm) glatt streichen und die Apfelspalten darauf verteilen.
4. Zucker mit Zimt vermischen und über die Apfelspalten streuen. Die Streusel darauf verteilen.

   Das Blech in die Mitte des vorgeheizten Rohres schieben.

Ober-/Unterhitze: 200 Grad
Backzeit: ca. 35 Min.

Willi-Marilli-Kuchen

ca. 60 Min.

Zutaten für ca. 30 Portionen

Sandmasse

380 g glattes Mehl
1 Pck. Dr. Oetker Backpulver
170 g Zucker
3 Eier (Größe M)
125 g flüssige Butter
1/4 l geschlagenes Schlagobers

Zum Beträufeln

etwas Marillenlikör

Belag

7 Stk. Dr. Oetker Blatt Gelatine
250 g Speisetopfen (10 %)
1/2 Röhrchen Dr. Oetker Aroma Zitrone
150 g gesiebter Staubzucker
500 g Joghurt
3 EL Marillenlikör
1/4 l geschlagenes Schlagobers

Gelee

1 Dose Kompottmarillen (Abtropfgewicht 480 g)
2 Pck. Dr. Oetker Tortengelee klar

Zum Verzieren

1 Dose Kompottmarillen (Abtropfgewicht 480 g)
etwas Dr. Oetker Kuchen Glasur Kakao
einige Tropfen Rum
etwas erweichte weiße Schokolade
einige Mandelblättchen

Zubereitung

1. Für die Masse Mehl mit Backpulver vermischen und in eine Rührschüssel sieben. Die übrigen Zutaten der Reihe nach dazugeben und mit dem Handmixer (Rührstäbe) glatt rühren.

   Einen Backrahmen auf ein befettetes, bemehltes Backblech (30 x 35 cm) stellen. Die Masse im Backrahmen verteilen und glatt streichen.

   Das Blech in die Mitte des vorgeheizten Rohres schieben.

   Ober-/Unterhitze: 180 Grad
   Backzeit: ca. 25 Min.

2. Das erkaltete Gebäck mit Likör leicht beträufeln und mit einem Backrahmen umstellen.
3. Für den Belag die Gelatine nach Packungsanleitung vorbereiten. Topfen mit Aroma, Staubzucker und Joghurt verrühren. Die Gelatine mit Likör erwärmen und in die Topfenmasse einrühren. Bei beginnender Gelierung das Schlagobers unterheben. Den Belag gleichmäßig auf den Kuchenboden streichen. Den Kuchen ca. 1 Std. kalt stellen.
4. Für das Gelee Marillen mit Kompottsaft pürieren. Das Tortengeleepulver dazugeben und nach Packungsanleitung zu einem Gelee kochen. Das Gelee löffelweise auf der Oberfläche verteilen und erstarren lassen. Den Kuchen ca. 1 Std. kalt stellen.
5. Die Marillen abtropfen und mit Küchenpapier trocken tupfen. Die Glasur mit Rum zu dicklicher Konsistenz verrühren und in ein Spritztütchen geben. Die Marillen auf der Oberfläche beliebig verteilen und mit der Glasur Streifen und Kopf aufspritzen. Etwas weiße Schokolade als Augen und mit einem dünnen Spieß etwas Kakaoglasur als Pupillen auftupfen. Mandelblättchen als Flügel in die Marillen stecken.

Himbeer-Vanillecreme-Schnitten

ca. 40 Min.

Zutaten für ca. 42 Portionen

Wiener Masse

4 Eier (Größe M)

120 g Zucker

2 KL Dr. Oetker Bourbon Vanille Extrakt

1/2 Pck. Dr. Oetker Finesse Geriebene Zitronenschale

120 g glattes Mehl

1/2 KL Dr. Oetker Backpulver

3 EL Speiseöl

Himbeerbelag

2 Pck. Dr. Oetker Original Pudding Vanille-Geschmack

1/4 l Himbeersirup

1/4 l Wasser

750 g Himbeeren

Vanillecreme

2 Pkg. QimiQ® Vanille

100 g gesiebter Staubzucker

400 g Vanillejoghurt

2 KL Dr. Oetker Bourbon Vanille Extrakt

1/2 l geschlagenes Schlagobers

Biskotten-Einlage

20 Stk. Biskotten (1/2 Packung)

Zubereitung

1. Für die Masse Eier mit Zucker, Vanille Extrakt und Zitronenschale mit dem Handmixer (Rührstäbe) schaumig aufschlagen. Mehl mit Backpulver vermischen, darübersieben und mit Öl mit dem Kochlöffel unterheben.

   Die Masse auf ein mit Backpapier ausgelegtes Backblech (30 x 35 cm) streichen.

   Das Blech in die Mitte des vorgeheizten Rohres schieben.

   Ober-/Unterhitze: 190 Grad
   Backzeit: ca. 9 Min.

   Den erkalteten Kuchenboden stürzen und das Backpapier abziehen. Den Kuchenboden mit einem Backrahmen umstellen.

2. Für den Belag Puddingpulver mit Sirup und Wasser verrühren und unter Rühren zu einem Pudding kochen. Den Pudding auf den Kuchen streichen. Die Himbeeren auf dem Pudding verteilen.
3. Für die Creme QimiQ® mit Staubzucker glatt rühren. Joghurt und Vanille Extrakt einrühren und das Schlagobers unterheben.
4. Die Hälfte der Ceme auf den Belag streichen und die Biskotten mit etwas Abstand darauflegen. Die übrige Creme aufstreichen. Den Kuchen ca. 2 Std. kalt stellen.

Rhabarberkuchen mit Baiserhaube

ca. 60 Min.

Zutaten für ca. 24 Portionen

All-in-Masse

450 g glattes Mehl
1 Pck. Dr. Oetker Backpulver
400 ml flüssiges Schlagobers
250 g Zucker
1 Pck. Dr. Oetker Vanillin Zucker
1 Prise Salz
5 Dotter (Größe M)
3 Eier (Größe M)

Zum Belegen

1,2 kg in Stücke geschnittener Rhabarber

Baiserhaube

5 Eiklar (Größe M)
1 Prise Salz
250 g Zucker
1 Pck. Dr. Oetker Vanillin Zucker

Zum Bestreuen

etwas Staubzucker

Zubereitung

1. Für die Masse Mehl mit Backpulver vermischen und in eine Rührschüssel sieben. Die übrigen Zutaten der Reihe nach dazugeben und mit dem Handmixer (Rührstäbe) glatt rühren.
2. Die Masse auf ein befettetes, bemehltes Backblech (30 x 35 cm) streichen und den Rhabarber darauf verteilen.
   Das Blech in die Mitte des vorgeheizten Rohres schieben.

   Ober-/Unterhitze: 200 Grad
   Backzeit: ca. 22 Min.

3. Für die Baiserhaube Eiklar mit Salz mit dem Handmixer (Rührstäbe) aufschlagen. Zucker mit Vanillin Zucker vermischen, nach und nach dazugeben und cremig steif schlagen. Die Baisermasse auf den Rhabarber streichen.
   Das Blech in die Mitte des Rohres schieben und auf Sicht backen.

   Ober-/Unterhitze: 200 Grad
   Backzeit: ca. 15 Min. (auf Sicht)

4. Den Kuchen vor dem Servieren mit Staubzucker bestreuen.

Apfel-Dinkel-Pie

ca. 40 Min

Zutaten für ca. 14 Portionen

Vollwert-Mürbteig

230 g Dinkelmehl

1/2 gestrichener KL Dr. Oetker Backpulver

90 g Braunzucker

1 Pck. Dr. Oetker Vanillin Zucker

180 g weiche Butter

1 Ei (Größe M)

4 EL Milch

Apfelpudding-Füllung

2 Stk. Dr. Oetker Blatt Gelatine

650 g geschälte, entkernte, würfelig geschnittene Äpfel

Saft von 1 Zitrone

1 Pck. Dr. Oetker Original Pudding Vanille-Geschmack

60 g Braunzucker

1/4 l Apfelsaft

1 Prise Zimt

1 Prise Gewürznelkenpulver

80 g frische Cranberrys

Zum Bestreichen und Bestreuen

etwas Wasser

etwas Braunzucker

Zubereitung

1. Für den Teig Mehl mit Backpulver vermischen und in eine Rührschüssel sieben. Die übrigen Zutaten der Reihe nach dazugeben und mit dem Handmixer (Knethaken) zu einem Teig verkneten. In Frischhaltefolie gewickelt ca. 40 Min. kalt stellen.

   2/3 des Teiges auf einer bemehlten Arbeitsfläche rund (32 cm Ø) ausrollen, auf einem Rollstab aufrollen und über einer befetteten, bemehlten Pieform (29 cm Ø) abrollen. Überstehenden Rand abschneiden.

2. Für die Füllung die Gelatine nach Packungsanleitung vorbereiten. Äpfel mit Zitronensaft vermischen. Puddingpulver mit Braunzucker und Apfelsaft unter Rühren zu einem Pudding kochen. Die Gelatine unter den heißen Pudding rühren. Äpfel mit Gewürzen und Cranberrys einrühren. Die Füllung in die Form füllen und glatt streichen.

3. Den übrigen Teig auf einer bemehlten Arbeitsfläche rund (29 cm Ø) ausrollen und in 2 cm breite Streifen schneiden. Die Teigstreifen als Gitter auf die Füllung legen, mit Wasser bestreichen und mit Braunzucker bestreuen.

   Die Form auf dem Rost in die Mitte des vorgeheizten Rohres schieben.

Ober-/Unterhitze: 190 Grad
Backzeit: ca. 35 Min.

1/2 Zu viel? Rezept halbieren

Die Zutaten für eine kleine Pieform (22 cm Ø) oder Auflaufform (15 x 15 cm) halbieren. Das Ei im Teig bleibt gleich. Die Apfel-Dinkel-Pie bei gleicher Herdeinstellung ca. 30 Min. backen.

SCHON GEWUSST?

Als Pie werden jene (englischen) Gebäcke bezeichnet, bei denen süße oder herzhafte Zutaten unter einer Teigdecke gebacken bzw. geschmort werden.

Pflaumenkuchen vom Blech

ca. 20 Min.

Zutaten für ca. 16 Portionen

Sandmasse

4 Eier (Größe M)
250 g Zucker
1 Pck. Dr. Oetker Vanillin Zucker
1/8 l Milch
125 g Butter
300 g glattes Mehl
3 gestrichene KL Dr. Oetker Backpulver

Zum Belegen

600 g halbierte, entsteinte Pflaumen

Zum Bestreuen

etwas gesiebter Staubzucker

Zubereitung

1. Für die Masse Eier mit Zucker und Vanillin Zucker mit dem Handmixer (Rührstäbe) schaumig aufschlagen. Milch mit Butter aufkochen und langsam unter die Eiermischung rühren. Mehl mit Backpulver vermischen, darübersieben und mit dem Kochlöffel unterheben.

   Die Masse auf ein befettetes Backblech (30 x 35 cm) geben und glatt streichen.

2. Die Pflaumen mit der Schnittfläche nach oben auf der Masse verteilen.

   Das Blech in die untere Hälfte des vorgeheizten Rohres schieben.

Ober-/Unterhitze: 180 Grad
Backzeit: ca. 40 Min.

3. Den noch heißen Pflaumenkuchen mit Staubzucker bestreuen.

Tipp: Den Kuchen mit leicht geschlagenem Schlagobers servieren.

Zu viel? Einfach einfrieren
Den Kuchen am besten stückweise einfrieren und bei Raumtemperatur auftauen lassen. Der Kuchen kann auch einige Sekunden in der Mikrowelle aufgewärmt werden.

Maulwurfkuchen

ca. 60 Min

Zutaten für ca. 16 Portionen

Sandmasse

125 g weiche Butter
120 g Zucker
1 Pck. Dr. Oetker Vanillin Zucker
4 Dotter (Größe M)
100 g glattes Mehl
4 gestrichene KL Dr. Oetker Backpulver
10 g Backkakao
100 g geriebene Mandeln
50 g Dr. Oetker Raspelschokolade Zartbitter
4 Eiklar (Größe M)

Füllung

250 g Bananen
2 EL Zitronensaft
600 ml flüssiges Schlagobers
3 Pck. Dr. Oetker Sahnesteif
25 g Zucker
1 Pck. Dr. Oetker Vanillin Zucker
50 g Dr. Oetker Raspelschokolade Zartbitter

Zubereitung

1. Für die Masse Butter mit Zucker und Vanillin Zucker mit dem Handmixer (Rührstäbe) cremig rühren. Die Dotter einzeln einrühren. Mehl mit Backpulver und Kakao vermischen, darübersieben und mit Mandeln und Raspelschokolade kurz unterrühren. Eiklar cremig steif schlagen und mit dem Kochlöffel unterheben.

   Die Masse in eine befettete Springform (26 cm Ø) füllen und glatt streichen.

   Die Form auf dem Rost in die untere Hälfte des vorgeheizten Rohres schieben.

   Ober-/Unterhitze: 180 Grad
   Backzeit: ca. 30 Min.

   Den erkalteten Kuchenboden mithilfe eines Esslöffels ca. 1 cm tief aushöhlen, dabei einen 1 – 2 cm breiten Rand stehen lassen. Die ausgehöhlten Kuchenstücke zerbröseln.

2. Die Bananen längs halbieren, mit Zitronensaft beträufeln und in den ausgehöhlten Kuchenboden legen.
   Schlagobers mit Sahnesteif, Zucker und Vanillin Zucker steif schlagen und die Raspelschokolade kurz unterrühren.
   Das Schlagobers kuppelartig auf den Kuchen streichen und mit den Kuchenbröseln bestreuen (die Brösel evtl. leicht andrücken).
   Den Maulwurfkuchen ca. 1 Std. kalt stellen.

1/2 Zu viel? Rezept halbieren
Die Zutaten für eine kleine Tortenform (20 cm Ø) halbieren und bei gleicher Herdeinstellung ca. 25 Min. backen.

Himbeer-Schoko-Kuchen

ca. 60 Min.

Zutaten für ca. 16 Portionen

Schoko-Biskuitmasse

4 Dotter (Größe M)
100 g Zucker
1 Prise Salz
4 Eiklar (Größe M)
4 EL kaltes Wasser
30 g Zucker
100 g flüssige Zartbitterkuvertüre
130 g glattes Mehl
2 gestrichene KL Dr. Oetker Backpulver
1 EL Backkakao

Zum Bestreichen

125 g Orangenmarmelade

Frischkäse-Creme

3 Stk. Dr. Oetker Blatt Gelatine
600 g Frischkäse
100 g Zucker
1/4 l geschlagenes Schlagobers

Zum Belegen

400 g Himbeeren

Zubereitung

1. Für die Masse Dotter mit Zucker und Salz mit dem Handmixer (Rührstäbe) schaumig aufschlagen. Eiklar mit Wasser und Zucker cremig steif schlagen. Kuvertüre mit der Dottermasse zügig verrühren, zum Eischnee geben und mit dem Kochlöffel kurz unterrühren. Mehl mit Backpulver und Kakao vermischen, darübersieben und mit dem Kochlöffel unterheben.

   Die Masse in eine mit Backpapier ausgelegte eckige Springform (24 x 24 cm) füllen und glatt streichen.

   Die Form auf dem Rost in die Mitte des vorgeheizten Rohres schieben.

   Ober-/Unterhitze: 180 Grad
   Backzeit: ca. 25 Min.

   Den erkalteten Kuchen 1-mal durchschneiden.

2. Den unteren Kuchenboden mit Marmelade bestreichen.
3. Für die Creme die Gelatine nach Packungsanleitung vorbereiten. Frischkäse mit Zucker verrühren. Die Gelatine erwärmen und unterrühren. Bei beginnender Gelierung das Schlagobers unterheben. 1/4 der Creme auf die Marmelade geben, verstreichen und mit dem Kuchenboden abdecken. Die übrige Creme daraufgeben, glatt streichen und mit Himbeeren belegen. Den Kuchen ca. 2 Std. kalt stellen.

Heidelbeer-Crème-fraîche-Tarte

ca. 35 Min.

Zutaten für ca. 16 Portionen

Mürbteig

250 g glattes Mehl
80 g Zucker
1 Pck. Dr. Oetker Bourbon Vanille Zucker
125 g kalte Butter
1 Ei (Größe M)

Füllung

2 EL Semmelbrösel
300 g Heidelbeeren
100 g Heidelbeer-Konfitüre

Guss

400 g Crème fraîche
80 g Zucker
1 Pck. Dr. Oetker Vanillin Zucker
4 Eier (Größe M)

Zubereitung

1. Für den Teig das Mehl auf eine Arbeitsfläche sieben. Zucker, Vanille Zucker, Butter und Ei dazugeben und mit den Händen zu einem Teig verkneten. In Frischhaltefolie gewickelt ca. 30 Min. kalt stellen.

   Den Teig auf einer bemehlten Arbeitsfläche rund (30 cm Ø) ausrollen, auf einem Rollstab aufrollen und über einer leicht befetteten Tarteform (26 cm Ø) abrollen. Überstehenden Rand abschneiden.

2. Die Semmelbrösel auf den Mürbteigboden streuen. Die Heidelbeeren mit Konfitüre verrühren und die Hälfte auf den Semmelbröseln verteilen.

3. Für den Guss Crème fraîche mit Zucker und Vanillin Zucker mit dem Handmixer (Rührstäbe) glatt rühren. Die Eier einzeln unterrühren. Den Guss in die Form gießen. Die übrige Heidelbeermischung klecksweise mit einem Löffel auf der Oberfläche verteilen.

   Die Form auf dem Rost in die untere Hälfte des vorgeheizten Rohres schieben.

Ober-/Unterhitze: 200 Grad
Backzeit: ca. 35 Min.

Tipp: Man kann den Kuchen auch in einer Auflaufform (20 x 28 cm) backen.

Mini-Himbeer-Cheesecakes

ca. 35 Min.

Zutaten für 12 Stück

Himbeer-Soße

200 g Himbeeren (frisch oder tiefgekühlt)
40 ml Wasser
1 KL Speisestärke
50 g Zucker

Kuchenböden

150 g fein zerbröstelte Butterkekse
40 g heiße Butter

Frucht-Einlage

24 Stk. Himbeeren (frisch oder tiefgekühlt)

Füllung

200 g Frischkäse
200 ml Kondensmilch
1 Ei (Größe M)

Zum Unterrühren

70 g flüssige weiße Kuvertüre

Zubereitung

1. Für die Soße die Zutaten aufkochen, vom Herd nehmen und durch ein Sieb streichen.
2. Für die Kuchenböden Kekse mit Butter vermischen, auf eine mit Papierförmchen ausgelegte Muffinform aufteilen und mit einem Löffel flach drücken.
3. Je 2 Stk. Himbeeren auf die Böden geben.
4. Für die Füllung die Zutaten glatt rühren. Die Masse 3/4 voll in die Förmchen füllen. Kuvertüre und die Hälfte der warmen Himbeersoße mit einem Kaffeelöffel darauf verteilen und mit einer Gabel unterziehen, damit eine Marmorierung entsteht.

Die Form auf dem Rost in die Mitte des vorgeheizten Rohres schieben.

Ober-/Unterhitze: 180 Grad
Backzeit: ca. 20 Min.

Die erkalteten Cheesecakes mit Himbeer-Soße servieren.

Zu viel? Einfach einfrieren
Mini-Cheesecakes kann man gut auf Vorrat einfrieren. Ca. 2 Std. bei Raumtemperatur auftauen lassen. Vor dem Servieren einige Sekunden in der Mikrowelle auffrischen.

Schoko-Rote-Rüben-Kuchen

ca. 35 Min

Zutaten für ca. 12 Portionen

Sandmasse

250 g rote Rüben
200 g flüssige Zartbitterkuvertüre
4 EL heißer Espresso
200 g klein geschnittene Butter
5 Dotter (Größe M)
5 Eiklar (Größe M)
190 g Zucker
140 g glattes Mehl
3 EL Backkakao

Vanille-Obers

1/4 l flüssiges Schlagobers
1 Pck. Dr. Oetker Sahnesteif
20 g gesiebter Staubzucker
3 KL Dr. Oetker Bourbon Vanille Paste

Zubereitung

1. Für die Masse die roten Rüben in Wasser aufkochen und zugedeckt ca. 50 Min. weich kochen lassen. Noch warm schälen, grob würfelig schneiden und in einem hohen Gefäß mit einem Pürierstab fein pürieren. Kuvertüre mit Espresso verrühren. Die Butter einrühren. Die Dotter versprudeln und unterrühren. Die fein pürierten roten Rüben unterheben. Eiklar mit Zucker cremig aufschlagen und mit dem Kochlöffel unterheben. Mehl mit Kakao vermischen, darübersieben und unterheben.

   Die Masse in eine am Boden mit Backpapier ausgelegte und am Rand befettete, bemehlte Springform (26 cm Ø) füllen und glatt streichen.

   Die Form auf dem Rost in die untere Hälfte des vorgeheizten Rohres schieben.

   Ober-/Unterhitze: 180 Grad
   Backzeit: ca. 40 Min.

2. Für das Vanille-Obers Schlagobers mit Sahnesteif, Staubzucker und Vanille Paste mit dem Handmixer (Rührstäbe) cremig aufschlagen. Das Vanille-Obers zum Kuchen servieren.

1/2 Zu viel? Rezept halbieren
Die Zutaten für eine Tortenform 20 cm oder 22 cm Ø halbieren. Für die Masse jeweils 3 Dotter und Eiklar nehmen. Bei gleicher Herdeinstellung ca. 35 Min. backen.

Zu viel? Einfach einfrieren
Den Kuchen kann man auch auf Vorrat einfrieren.

Kaffee-Gugelhupf

ca. 40 Min.

Zutaten für ca. 20 Portionen

Sandmasse

250 g weiche Butter
300 g gesiebter Staubzucker
1 Pck. Dr. Oetker Vanillin Zucker
1 Pck. Dr. Oetker Finesse Geriebene Zitronenschale
4 Eier (Größe M)
380 g glattes Mehl
2 gestrichene KL Dr. Oetker Backpulver
50 g Backkakao
100 g geriebene Mandeln
1/4 l starker Kaffee

Zum Bestreuen

etwas Staubzucker

Zubereitung

1. Für die Masse Butter mit Staubzucker, Vanillin Zucker und Zitronenschale mit dem Handmixer (Rührstäbe) cremig aufschlagen. Die Eier einzeln einrühren. Mehl mit Backpulver und Kakao vermischen, darübersieben und mit Mandeln und Kaffee mit dem Kochlöffel unterheben.

   Die Masse in eine befettete, bemehlte Gugelhupfform (22 cm Ø) füllen und glatt streichen.

   Die Form auf dem Rost in die untere Hälfte des vorgeheizten Rohres schieben.

   Ober-/Unterhitze: 180 Grad
   Backzeit: ca. 60 Min.

   Den Gugelhupf vor dem Stürzen ca. 5 Min. in der Form überkühlen lassen.

2. Den erkalteten Gugelhupf mit Staubzucker leicht bestreuen.

Zu viel? Einfach einfrieren

Kleine KUCHEN

Tassenkuchen

ca. 40 Min.

Zutaten für ca. 6 Stück

All-in-Masse

200 g glattes Mehl

2 gestrichene KL Dr. Oetker Backpulver

150 g Zucker

1 Pck. Dr. Oetker Vanillin Zucker

1 Ei (Größe M)

75 ml Speiseöl

150 g Joghurt

50 g Dr. Oetker Raspelschokolade Zartbitter

Zum Bestreuen

etwas Staubzucker

Zubereitung

1. Für die Masse Mehl mit Backpulver vermischen und in eine Rührschüssel sieben. Zucker, Vanillin Zucker, Ei, Öl und Joghurt dazugeben und mit dem Handmixer (Rührstäbe) glatt rühren. Die Raspelschokolade kurz unterrühren.

   Die Masse mithilfe von 2 Esslöffeln in befettete und mit Zucker ausgestreute feuerfeste Tassen geben. Die Tassen auf ein Backblech stellen.

   Das Blech mit den Tassen in die Mitte des vorgeheizten Rohres schieben.

   Ober-/Unterhitze: 180 Grad
   Backzeit: ca. 35 Min.

2. Die erkalteten Tassenkuchen mit Staubzucker leicht bestreuen.

   Tipps: Die Tassenkuchen als Geburtstagskuchen mit Kerze überreichen.

   Für eine Überraschung beim Anstechen der Tassenkuchen z. B. Kinder-Schokobons® vor dem Backen in die Masse schieben.

   Statt Raspelschokolade können Sie auch Nüsse nach Wahl unterrühren.

   Tassenkuchen nur frisch zubereitet servieren.

Schokomuffins

ca. 20 Min.

Zutaten für ca. 12 Stück

All-in-Sandmasse

200 g glattes Mehl

1 gestrichener KL Dr. Oetker Backpulver

1/2 Pck. Dr. Oetker Natron

30 g Backkakao

200 g weiche Butter

100 g Zucker

1 Pck. Dr. Oetker Bourbon Vanille Zucker

2 Eier (Größe M)

80 ml Buttermilch

50 g flüssige Zartbitterkuvertüre

Zum Unterrühren

50 g gehackte Zartbitterkuvertüre

Zum Bestreuen

50 g gehackte Zartbitterkuvertüre

Zubereitung

1. Für die Masse Mehl mit Backpulver, Natron und Kakao vermischen und in eine Rührschüssel sieben. Die übrigen Zutaten der Reihe nach dazugeben und mit dem Handmixer (Rührstäbe) glatt rühren.
2. Die gehackte Kuvertüre unterrühren.

   Die Masse in eine mit Papierförmchen ausgelegte Muffinform füllen.
3. Mit gehackter Kuvertüre bestreuen.

   Die Form auf dem Rost in die Mitte des vorgeheizten Rohres schieben.

Ober-/Unterhitze: 180 Grad
Backzeit: ca. 25 Min.

Zu viel? Einfach einfrieren
Schokomuffins kann man gut auf Vorrat einfrieren. Ca. 1 Std. bei Raumtemperatur auftauen lassen.

Heidelbeer-Muffins

ca. 20 Min.

Zutaten für ca. 12 Stück

All-in-Masse

230 g glattes Mehl
2 gestrichene KL Dr. Oetker Backpulver
1/2 KL Dr. Oetker Natron
140 g Zucker
1 Pck. Dr. Oetker Vanillin Zucker
1 Prise Salz
2 Eier (Größe M)
100 ml Speiseöl
150 g Crème fraîche

Zum Unterrühren

250 g Heidelbeeren

Zum Bestreuen

etwas Staubzucker

Zubereitung

1. Für die Masse Mehl mit Backpulver vermischen und in eine Rührschüssel sieben. Die übrigen Zutaten der Reihe nach dazugeben und mit dem Schneebesen glatt rühren.
2. Von den Heidelbeeren ca. 200 g mit dem Kochlöffel kurz unterheben.

   Die Masse in eine mit Papierförmchen ausgelegte Muffinform füllen und mit den übrigen Heidelbeeren bestreuen.

   Die Form auf dem Rost in die Mitte des vorgeheizten Rohres schieben.

   Ober-/Unterhitze: 180 Grad
   Backzeit: ca. 30 Min.

3. Die erkalteten Muffins mit Staubzucker leicht bestreuen.

Zu viel? Einfach einfrieren

Heidelbeer-Muffins kann man gut auf Vorrat einfrieren. Ca. 1 Std. bei Raumtemperatur auftauen lassen.

Veganer Karottenkuchen

ca. 35 Min.

Zutaten für ca. 10 Portionen

Masse

250 g Vollkornmehl
150 g Braunzucker
100 g zarte Haferflocken
80 ml erwärmtes Kokosöl (oder Ceres)
120 g ungesüßtes Apfelmus
1 Prise Muskatpulver
1/4 KL Ingwerpulver
2 KL Zimt
1 KL Dr. Oetker Bourbon Vanille Extrakt
2 gestrichene KL Dr. Oetker Backpulver
1 gestrichener KL Dr. Oetker Natron
1 KL Apfelessig
250 g geriebene Karotten
180 ml Mandelmilch

Zum Ausstreuen

einige Haferflocken

Zum Bestreuen

etwas Staubzucker

Zubereitung

1. Für die Masse die Zutaten verrühren und 10 Min. quellen lassen.
2. Die Masse in eine mit veganer Margarine befettete und mit Haferflocken ausgestreute Kastenform (11 x 30 cm) füllen.
   Die Form auf dem Rost in die Mitte des vorgeheizten Rohres schieben.

Ober-/Unterhitze: 180 Grad
Backzeit: ca. 40 Min.

3. Den Kuchen vor dem Stürzen in der Form erkalten lassen und vor dem Servieren mit Staubzucker leicht bestreuen.

1/2 **Zu viel? Rezept halbieren**
Die Zutaten halbieren für eine Kastenform (11 x 25 cm) oder Tortenform (20 cm Ø) und bei gleicher Herdeinstellung ca. 25 Min. backen.

Zu viel? Einfach einfrieren

Kleiner Zitronenkuchen

ca. 40 Min.

Zutaten für ca. 8 Portionen

Sandmasse

200 g weiche Butter
150 g gesiebter Staubzucker
1 Pck. Dr. Oetker Finesse Geriebene Zitronenschale
1 Prise Salz
3 Eier (Größe M)
250 g glattes Mehl
3 gestrichene KL Dr. Oetker Backpulver
2 EL Milch

Guss

150 g Puderzucker
1 Pck. Dr. Oetker Finesse Geriebene Zitronenschale
ca. 4 EL Milch

Zubereitung

1. Für die Masse Butter mit Staubzucker, Zitronenschale und Salz mit dem Handmixer (Rührstäbe) cremig rühren. Die Eier einzeln einrühren. Mehl mit Backpulver vermischen, darübersieben und mit Milch mit dem Kochlöffel unterheben.

   Die Masse in eine befettete, bemehlte Kastenform (11 x 20 cm) füllen und glatt streichen.

   Die Form auf dem Rost in die untere Hälfte des vorgeheizten Rohres schieben. **Achtung:** Nach 15 Min. Backzeit den Kuchen mit einem scharfen Messer der Länge nach in der Mitte ca. 1 cm tief einschneiden.

   Ober-/Unterhitze: 180 Grad
   Backzeit: ca. 60 Min.

   Den Kuchen vor dem Stürzen ca. 10 Min. in der Form überkühlen lassen.

2. Für den Guss Puderzucker mit Zitronenschale und nur so viel Milch verrühren, dass eine dickflüssige Konsistenz entsteht. Den Guss auf dem noch warmen Kuchen verteilen.

Zu viel? Einfach einfrieren

Die Hälfte des Zitronenkuchens ohne Guss auf Vorrat einfrieren und ca. 2 Std. bei Raumtemperatur auftauen lassen. Die Zutaten vom Guss halbieren und jeweils auf dem Kuchen verteilen.

SAY
YES!

Mini-Marmorgugelhupfe

ca. 20 Min.

Zutaten für ca. 6 Stück

All-in-Masse

100 g glattes Mehl

1/2 gestrichener KL Dr. Oetker Backpulver

50 g Zucker

1 Pck. Dr. Oetker Vanillin Zucker

50 g weiche Butter

2 Eier (Größe M)

Zum Unterrühren

1 EL gesiebter Backkakao

Zum Bestreuen

etwas Staubzucker

Zubereitung

1. Für die Masse Mehl mit Backpulver vermischen und in eine Rührschüssel sieben. Die übrigen Zutaten der Reihe nach dazugeben und mit dem Handmixer (Rührstäbe) glatt rühren. Die Hälfte der Masse mithilfe von 2 Kaffeelöffeln in befettete, bemehlte Gugelhupfförmchen füllen.
2. Die übrige Masse mit Kakao verrühren. Die dunkle Masse auf der hellen Masse verteilen und mit einem Holzstäbchen durchziehen, damit die Marmorierung entsteht.

   Die Form auf dem Rost in die Mitte des vorgeheizten Rohres schieben.

   Ober-/Unterhitze: 180 Grad
   Backzeit: ca. 20 Min.

   Die Gugelhupfe in den Förmchen überkühlen lassen und stürzen.
3. Die erkalteten Gugelhupfe mit Staubzucker bestreuen.

Tipp: Die Mini-Gugelhupfe am besten in einer Silikon-Verbundform backen und stürzen. Die Form dafür nur leicht befetten. Zusätzliches Bemehlen ist nicht nötig.

Zu viel? Einfach einfrieren

Kleine BACK-IDEEN

Zimtschnecken

ca. 20 Mi

Zutaten für ca. 20 Stück

Germteig

450 g glattes Mehl
1 Pck. Dr. Oetker Germ
200 ml lauwarme Milch
200 g weiche Butter
1 Prise Salz
80 g Zucker
1 Ei (Größe M)
1 KL Kardamom

Füllung

80 g zerlassene Butter
100 g Zucker
1 KL Zimt
50 g geriebene Mandeln

Zubereitung

1. Für den Teig das Mehl in eine Rührschüssel sieben und mit der Germ gut vermischen. Die übrigen Zutaten der Reihe nach dazugeben und mit dem Handmixer (Knethaken) zu einem Teig verkneten. Zugedeckt an einem warmen Ort so lange gehen lassen, bis der Teig doppelt so hoch ist.

   Den Teig auf einer bemehlten Arbeitsfläche nach dem Gehen zusammenstoßen (flach drücken und von links und rechts zur Mitte hin einschlagen), zu einer Rolle formen und rechteckig ca. 1 cm dick ausrollen.

2. Für die Füllung den Teig mit einem Teil der Butter bestreichen. Zucker mit Zimt und Mandeln vermischen und gleichmäßig darüberstreuen. Mit dem Rollholz etwas fest rollen. Die übrige Butter darüberträufeln. Den Teig einrollen und ca. 1 Std. einfrieren.

   Die Teigrolle in ca. 1 cm dicke Scheiben schneiden. Die Teigenden etwas unter die Schnecken schlagen und die Zimtschnecken auf ei mit Backpapier ausgelegtes Backblech geben. An einem warmen Ort ca. 30 Min. gehen lassen.

   Das Blech in die untere Hälfte des vorgeheizten Rohres schieben.

Ober-/Unterhitze: 180 Grad
Backzeit: ca. 25 Min.

Tipp: Für Mohnschnecken 1/4 l Milch mit 1 EL Honig, 1/2 Pck. Dr. Oetker Finesse Geriebene Zitronenschale aufkochen. 100 g geriebenen Mohn einrühren. 50 g Semmelbrösel und 50 g Rosinen unterrühren.

Zu viel? Einfach einfrieren

Die Hälfte der Zimtschnecken nach dem Zubereiten nicht mehr gehen lassen und einfrieren.

Bei Bedarf die eingefrorenen Zimtschnecken auf ein mit Backpapier ausgelegtes Backblech geben, bei Raumtemperatur ca. 1 1/2 Std. auftauen lassen und wie im Rezept angegeben backen.

Schoko-Vanille-Cookies

ca. 40 Min.

Zutaten für ca. 28 Stück

All-in-Masse

100 g glattes Mehl

1 gestrichener KL Dr. Oetker Backpulver

70 g Zucker

1 Pck. Dr. Oetker Bourbon Vanille Zucker

80 g weiche Butter

1 Ei (Größe M)

1 EL Backkakao

2 EL Milch

1 Pck. Dr. Oetker Schoko Tröpfchen

Zubereitung

Für die Masse Mehl mit Backpulver vermischen und in eine Rührschüssel sieben. Zucker, Vanille Zucker, Butter und Ei dazugeben und mit dem Handmixer (Rührstäbe) glatt rühren. Ein Drittel der Masse mit Kakao und Milch verrühren und 1/3 von den Schoko Tröpfchen unterrühren.

Mit der hellen Masse beginnend mithilfe von 2 Kaffeelöffeln haselnussgroße Portionen – mit genügend Abstand für die dunkle Masse – auf mit Backpapier ausgelegte Backbleche geben. Direkt neben der hellen die dunkle Masse geben, sodass sie im Backrohr zusammenbacken können. **Achtung:** Die Cookies laufen beim Backen etwas breit, daher zwischen den Cookies genügend Abstand lassen. Die übrigen Schoko Tröpfchen auf die helle Masse streuen.

Ein Blech in die Mitte des vorgeheizten Rohres schieben.

Ober-/Unterhitze: 180 Grad
Backzeit: ca. 15 Min.

Den Backvorgang mit den übrigen Cookies wiederholen.

Zu viel? Einfach einfrieren
Cookies kann man gut auf Vorrat einfrieren.
Ca. 1 Std. bei Raumtemperatur auftauen lassen.

Cantuccini

ca. 60 Min

Zutaten für ca. 30 Stück

Teig

500 g glattes Mehl

1 gestrichener KL Dr. Oetker Backpulver

250 g gesiebter Staubzucker

3 Eier (Größe M)

1 Pck. Dr. Oetker Finesse Geriebene Zitronenschale

1 Pck. Dr. Oetker Finesse Geriebene Orangenschale

2 EL Orangensaft

2 EL Dessertwein (Marsala)

25 g Anis

1 Prise Salz

50 g weiche Butter

200 g ganze Mandeln

Zubereitung

Für den Teig Mehl mit Backpulver vermischen und in eine Rührschüssel sieben. Staubzucker, Eier, Zitronen- und Orangenschale, Orangensaft, Wein, Anis, Salz und Butter dazugeben und mit dem Handmixer (Knethaken) zu einem glatten Teig verkneten. Die Mandeln unterkneten. Aus dem Teig 5 Rollen formen und mit etwas Abstand nebeneinander auf ein mit Backpapier ausgelegtes Backblech geben.

Das Blech in die untere Hälfte des vorgeheizten Rohres schieben.

Ober-/Unterhitze: 180 Grad
Backzeit: ca. 30 Min.

Die Gebäckrollen nach dem Backen vom Blech nehmen und sofort in ca. 1 cm breite Streifen schneiden. Die Gebäckstreifen auf das Blech legen und wieder in das Backrohr schieben. **Bei gleicher Herdeinstellung ca. 20 Min. auf Sicht zu krosser Konsistenz rösten.**

Lagerung: Cantuccini in einer gut schließenden Dose kühl und trocken lagern. Durch den Röstvorgang sind Cantuccini bis zu 3 Monate haltbar.

Apfeltaschen aus Blätterteig

ca. 20 Min.

Zutaten für ca. 12 Stück

Teig

1 Pkg. Blätterteig (270 g)

Füllung

100 g geschälte, entkernte, klein geschnittene Äpfel (z. B. Golden Delicious)

30 g Rosinen

40 g Zucker

1 Pck. Dr. Oetker Vanillin Zucker

Zum Bestreichen

etwas Milch

Zubereitung

1. Den Blätterteig auf einer bemehlten Arbeitsfläche aufrollen und in 12 gleiche Teile schneiden.
2. Für die Füllung Äpfel mit Rosinen, Zucker und Vanillin Zucker vermischen und auf den vorderen Teil der Teigstücke aufteilen. Den hinteren Teil der Teigstücke mit einem Messer schräg einschneiden, mit Wasser bestreichen, über die Füllung klappen und die Ränder andrücken.
3. Die Apfeltaschen auf ein mit Backpapier ausgelegtes Backblech geben und mit Milch bestreichen.

   Das Blech in die Mitte des vorgeheizten Rohres schieben.

Ober-/Unterhitze: 200 Grad
Backzeit: ca. 18 Min.

Tipp: Für Apfeltaschen am besten Golden Delicious verwenden, da diese Sorte nicht so leicht braun wird. Sonst muss man die Apfelstücke etwas dünsten.

Zu viel? Einfach einfrieren

Apfeltaschen kann man gut auf Vorrat einfrieren. Bei Raumtemperatur ca. 1 Std. auftauen lassen und bei gleicher Herdeinstellung ca. 3 Min. aufbacken.

Shortbread

ca. 40 Min

Zutaten für ca. 50 Stück

Mürbteig

400 g glattes Mehl
125 g Zucker
1 Pck. Dr. Oetker Vanillin Zucker
250 g weiche Butter
1 Prise Salz

Zubereitung

Für den Teig das Mehl in eine Rührschüssel sieben. Die übrigen Zutaten dazugeben und mit einem Handmixer (Knethaken) zu einem glatten Teig verkneten. In Frischhaltefolie gewickelt ca. 30 Min. kalt stellen.

Den Teig auf leicht bemehlter Arbeitsfläche ca. 1 cm dick ausrollen und in 2 cm breite und 6 cm lange Stangen schneiden. Die Oberfläche mehrfach mit einer Gabel einstechen. Die Teigstücke auf mit Backpapier ausgelegte Backbleche geben.

Ein Blech in die Mitte des vorgeheizten Rohres schieben.

Ober-/Unterhitze: 180 Grad
Backzeit: ca. 23 Min.

Den Backvorgang mit den übrigen Shortbreads wiederholen.

Lagerung: Die Shortbreads in einer gut schließenden Dose kühl und trocken lagern. Shortbreads sind bis zu 5 Wochen haltbar.

Scones

ca. 20 Min.

Zutaten für ca. 8 Stück

Teig

250 g glattes Mehl
2 gestrichene KL Dr. Oetker Backpulver
75 g weiche Butter
40 g Zucker
150 ml Milch

Zum Bestreichen

etwas Kondensmilch

Zubereitung

1. Für den Teig Mehl mit Backpulver vermischen und in eine Rührschüssel sieben. Die übrigen Zutaten dazugeben und mit dem Handmixer (Knethaken) zu einem glatten, weichen Teig verkneten.

   Den Teig auf einer gut bemehlten Arbeitsfläche kurz durchkneten, ca. 2 cm dick ausrollen oder mit den Handflächen gleichmäßig flach drücken. Mit einem runden Ausstecher oder einem Glas (6 cm Ø) Scheiben ausstechen und mit etwas Abstand auf ein mit Backpapier ausgelegtes Backblech geben.

2. Die Teigstücke mit Kondensmilch bestreichen.

   Das Blech in die Mitte des vorgeheizten Rohres schieben.

Ober-/Unterhitze: 180 Grad
Backzeit: ca. 15 Min.

Die Scones am besten noch warm servieren.

Tipp: Scones schmecken nur frisch zubereitet gut und sollten nicht auf Vorrat zubereitet werden.

1/2 Zu viel? Rezept halbieren

Erdbeer-Streusel-Tartelettes

ca. 40 Min

Zutaten für 6 Stück

Mürbteig

300 g glattes Mehl
1 1/2 EL Zucker
1 Prise Salz
150 g kalte Butter
ca. 2 EL kaltes Wasser

Streusel

100 g gesiebtes glattes Mehl
70 g Zucker
50 g kalte Butter

Füllung

4 EL geriebene Mandeln (oder Haselnüsse)
500 g geschnittene Erdbeeren

Zum Bestreichen

1 Dotter
3 EL Milch

Zubereitung

1. Für den Teig das Mehl in eine Rührschüssel sieben. Die übrigen Zutaten dazugeben und mit dem Handmixer (Knethaken) zu einem Teig verkneten. Ist der Teig zu trocken, noch etwas Wasser dazugeben. In Frischhaltefolie gewickelt ca. 30 Min. kalt stellen.
2. Für die Streusel Mehl mit Zucker und Butter mit den Händen zu Streusel verreiben.

   Den Teig in 6 gleiche Stücke teilen und auf einer bemehlten Arbeitsfläche rund ausrollen.
3. Die Teigscheiben mit Mandeln bestreuen und mit Erdbeeren belegen; dabei zur Seite hin etwas Rand frei lassen. Den Rand nach innen klappen.
4. Dotter mit Milch versprudeln und den Rand besteichen. Die Streusel auf den Erdbeeren verteilen. Die Tartelettes auf ein mit Backpapier ausgelegtes Backblech geben.

   Das Blech in die Mitte des vorgeheizten Rohres schieben.

Ober-/Unterhitze: 190 Grad
Backzeit: ca. 25 Min.

Tipps: Geschlagenes Schlagobers zu den Tartelettes servieren.

Die Tartelettes schmecken nur frisch zubereitet gut und sollten nicht auf Vorrat zubereitet werden. Sie sind zum Einfrieren nicht geeignet.

REZEPTÜBERSICHT